저출산 · 초고령사회 인구교육
Population education

대학생을 위한

인구문제 탐색과 생애 설계

허지원 저

교육과학사

서 문

저자는 교육학을 전공한 교육전문가로서 지난 10년 동안 대학에서 교육의 질을 높이기 위해 노력해왔습니다. 특히 불확실한 미래에 대응할 수 있는 역량 기반 교육과정을 개발하는 데 열정을 쏟아왔습니다.

그런 와중에, 몸담고 있던 대학에서 보직을 내려놓게 되면서 교양 과목 개발에 집중할 수 있는 시간과 기회를 얻게 되었습니다. 그렇게 개발된 결과물을 학생들뿐만 아니라 인구교육 관련 강좌를 운영하려는 교수자분들에게도 유익한 자료가 되기를 바라는 마음으로 책으로 출간하게 되었습니다.

오늘날 대한민국은 저출산과 초고령 사회로의 급속한 변화로 인해 미래 사회의 인구 구조에 큰 우려를 안고 있습니다. 물론, 이는 전 세계적인 문제이기도 합니다. 이에 대응하여 국가와 기업들은 다양한 정책과 프로그램을 마련하고 있으며, 언론은 공익광고와 인구교육을 위한 각종 시사 다큐와 프로그램들을 제작하여 사회적 인식을 높이는 등 많은 노력을 하고 있습니다. 이러한 맥락 속에서 대학도 성인 진입기의 청년들을 가르치는 고등교육 기관으로서 보다 실질적인 인구교육 지식과 경험을 제공해야 한다고 생각하였습니다. 이에 저자는 대학생들을 위한 인구교육 차원에서 본 「인구문제 탐색과 생애 설계」를 개발하게 되었습니다.

교육과정을 개발하기 위해 먼저 교육 수요자의 요구 분석과 사회 환경 분석을 실시했습니다. 많은 학생들이 “이론보다 현실적이고 실질적인 내용을 원한다.”는 의견을 제시하여, 이를 반영해 딱딱한 이론 위주보다는 최신 사회 이슈와 MZ세대의 관심사를 중심으로 무겁지 않게 내용을 구성하고자 노력하였습니다. 사회 문제 분석을 통해 성인 진입기의 대학생들이 막연한 두려움과 편견에 사로잡혀 결혼 및 출산과 같은 생애주기의 특별한 과업들을 시도조차 하지 않은 채 포기하거나 두려워하는 것을 예방하고, 무기력함에서 벗어나 희망찬 미래를 설계하고 준비할 수 있도록 돕는 것을 교육 목표로 삼았습니다. 따라서 그에 맞는 교과 내용을 선정 및 조직하였으며, 특히 수립한 목표의 달성 여부를 확인하기 위한 평가 방법으로 수행 활동을 통해 인지적 영역뿐 아니라 정의적 영역을 신장시킬 수 있는 다양한 활동을 [생각하기], [조사하기], [토론하기], [활동하기] 등으로 구성하여 제시하였습니다.

이 책이 학생들뿐만 아니라 인구교육 관련 강좌를 운영하려는 교수자분들에게도 유익한 자료가 되기를 바라며, 교육 현장에서 널리 활용되기를 소망합니다.

2024. 12.

저자 허지원

차 례

제 1 장

인구문제 이해하기(1) - 저출산과 고령화

수업목표

- 저출산과 고령화의 개념과 현재 상황을 이해하고, 합계출산율 추이와 고령인구 비중 전망 추이를 분석할 수 있다.
- 출산율의 불확실성에 따른 경제성장률 변화를 분석할 수 있다.
- 저출산 현상의 다양한 원인을 분석하고 이해할 수 있다.

주제어

인구구조와 사회변화, 출산율과 경제성장률, 저출산 원인 분석

1. 합계출산율 추이, 고령인구 비중 전망 추이

초저출산과 고령화 방치 시
'성장'과 '분배' 양면에서 큰 어려움 맞을 전망.
인구구조 고령화를 재촉하고 있는 초저출산의 핵심 원인은
'경쟁압력'과 '불안'

우리나라 초저출산은 그 수준(2024년 기준 0.68명을 기록할 전망)과 지속 기간(2022년 0.78명으로 처음 0.7명대에 진입했고 23년 0.72명으로 낮아진 데 이어 0.7명대 밑으로 떨어질 전망)면에서 유례를 찾기 힘들 정도로 심각한 수준이다. 합계출산율은 1960년 5.95명에서 2021년 0.81명으로 약 86.4% 감소하여 전 세계 217개 국가·지역 중 가장 큰 폭의 하락률을 보이고 있다. 인구구조 고령화 역시 세계에서 가장 빠른 속도로 진행되고 있다. UN의 인구전망을 보면 우리나라의 65세 이상 고령인구 비중은 2046년부터 일본을 넘어 OECD 국가 중 가장 높은 수준이 되며, 2062년에는 홍콩을 제치고 전세계에서 가장 고령인구 비중이 높은 나라가 될 것으로 전망된다. 이러한 인구구조 고령화의 원인을 50년 시계에서 분해해 보면 저출산이 70%, 기대수명 연장이 30% 기여한 것으로 나타났다(우해봉 2023).

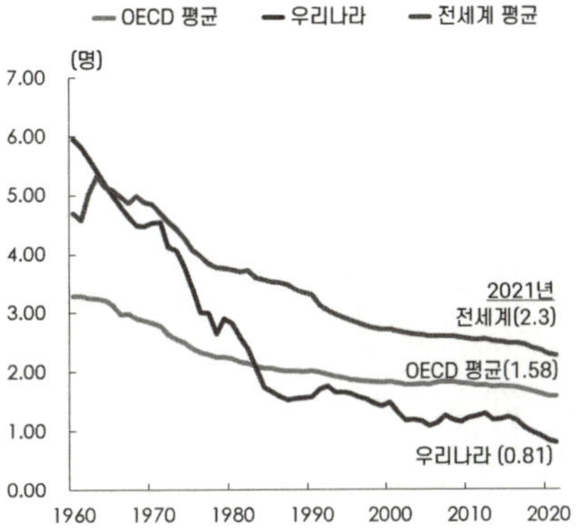

[그림 1-1] 합계출산율 추이

※ 가임여성 1명당 명
자료: World Bank

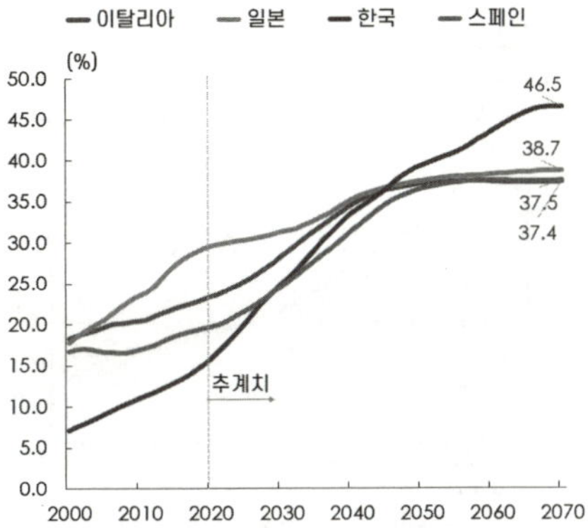

[그림 1-2] 고령인구 비중 전망 추이

※ 초고령사회에 진입한 OECD 3개국과 비교
자료: UN World Population Prospects, the 2022 revision

저출산 · 고령화에 제대로 대응 못할 경우 '성장'–'분배' 양면에서 큰 어려움 예상

저출산 · 고령화 연구에 참여한 이병주(2023)가 시사한 결과에 따르면 저출산에 대한 효과적인 정책 대응이 없다면 우리나라 추세성장률(실질)은 노동인구 감소 등으로 2050년대에는 평균 68%의 확률로 마이너스를 보일 것으로 예측되었다. 2060년대부터는 역성장 확률이 80%를 상회하였다. 동 확률은 향후 출산율 흐름의 불확실성(분포)을 저출산 9개국의 출산율 변화 모형(시계열 모형)을 이용하여 측정한 후, 세대중첩모형에 적용하여 추세성장률의 분포를 구하여 도출한 결과이다. 출산율을 제외한 거시 및 고용 측면의 불확실성은 없다고 가정하였으며 총요소생산성은 2020년부터 매년 고정적으로 0.7% 증가한다고 전제하였다. 동 TFP 전제치는 타 기관의 가정치와 유사한 수준이다.

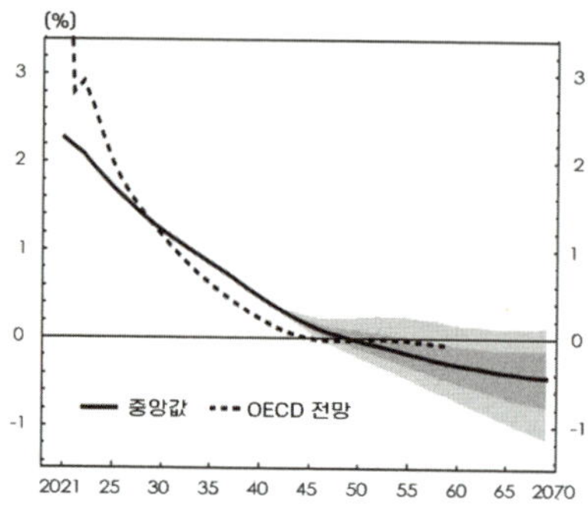

[그림 1-3] 출산율 불확실성에 따른 추세성장률의 확률적 분포

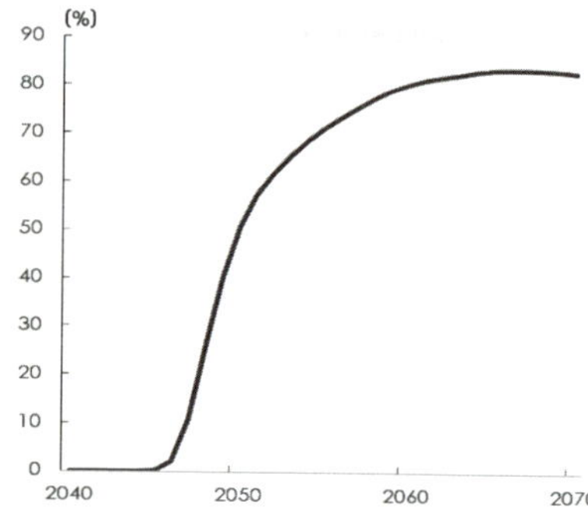

[그림 1-4] 추세성장률 0% 이하 확률

※ 짙은 음영은 50% 예측구간을, 옅은 음영은 80% 구간을 각각 표시
자료: 자체 시산(UN2022) 및 통계청(2021) 원시자료 이용) 및 OECD(2023)

분배 측면에서도 세대 내의 불평등 수준이 높은 고령층의 비중이 높아지면서 경제 전반의 불평등도가 높아질 것으로 분석되었다. 가계동향조사와 통계청 장래인구추계를 이용하여 분석한 결과, 고령화에 따라 동일 출생연도집단 내 가구 간 불평등도가 상승하는 연령효과(age effect)가 커질 것으로 전망되었는데, 구체적으로는 향후 20년간(2021~2040년)의 연령 효과에 따른 불평등지수(타일지수 기준, 높을수록 불평등) 상승폭이 과거 20년간(2001~2020년) 누적된 연령효과의 1.3배에 달할 것으로 추산되었다.

2006년 이후 다양한 정책적 노력을 기울여 왔음에도 출산율이 0.7 밑으로 하락하고 있는바, 그 원인과 실효성 있는 대책에 관해 재점검이 필요한 시점이다. 인구구조 고령화의 핵심 요인인 '초저출산의 근본적 원인'은 무엇인가? 그 원인을 제대로 진단해야 효과적인 대책을 세울 수 있을 것이다.

2. 저출산 원인 분석

초저출산은 '청년'이 느끼는 높은 '경쟁압력'과 '불안'과 연관된 것으로 나타났다.

저출산 원인에 대한 신뢰성 있는 결론을 도출하기 위해 다양한 층위에서 분석을 실시하고(개인 · 시도 · 국가 단위) 이들 분석이 공통적으로 지목하는 원인이 무엇인지 확인하였다. 다음 그림은 각 분석에서 공통적으로 경쟁압력과 불안(고용 · 주거 · 양육 불안)을 지목하고 있음을 보여준다.

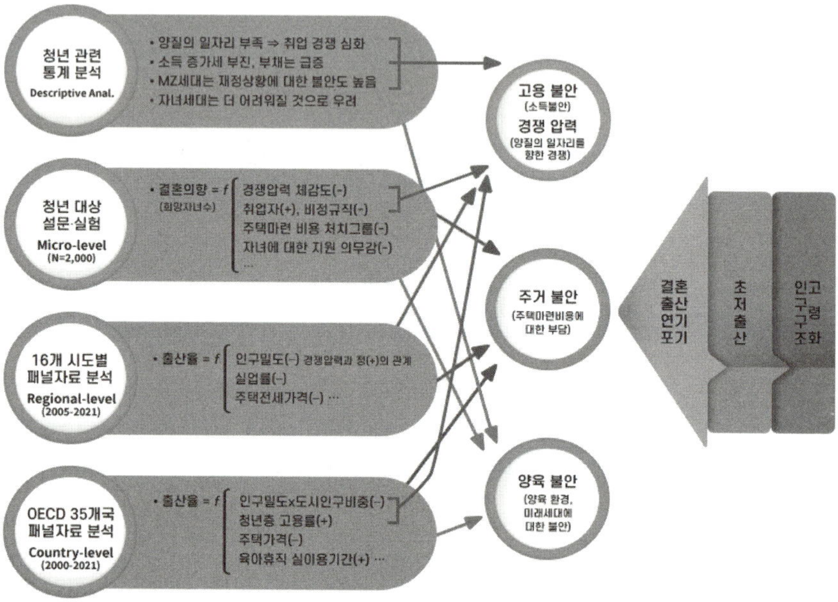

[자료 1-1] 초저출산 원인에 대한 다면적 분석

자료: 한국은행

먼저 청년 관련 통계를 분석한 결과는 다음과 같다.

고용 관련 통계를 살펴보면, 우리나라 청년(15-29세) 고용률은 2022년 46.6%로 OECD 평균(54.6%)보다 크게 낮다. 대학 졸업 나이와 결혼 연령대를 감안하여 25-39세 고용률을 보아도, 우리나라는 75.3%로 OECD 평균(87.4%)대비 12.1%p 낮다. 질적인 측면에서도 청년층 임금근로자 중 비정규직 비중이 2003년 31.8%에서 2022년 41.4%로 상당폭 증가하였고, 국가별 비교가 가능한 임시직 근로자 비중 또한 27.3%(2022년, 전연령 기준)로 OECD 34개국 중 두 번째로 높아 고용 안정성이 좋지 않은 것으로 평가된다(OECD 평균은 11.3%).

이에 양질의 일자리를 얻기 위한 취업 경쟁이 심화되고 있으며 그에 따라 취업 스트레스를 느끼는 청년이 늘고 있다. 대졸 신입사원 취업경쟁률은 대기업을 중심으로 상승하였다(2022년 77:1→2023년 81:1). 최근에는 경력직 중심의 채용 트렌드로 인해 신입 채용 기회는 줄면서 청년들의 취업난이 가중되고 있다.

청년의 주관적 인식을 국제 비교해 보면 우리나라 MZ세대는 생활비에 대한 우려와 재정상황에 대한 불안도가 여타국 MZ세대에 비해 컸다. 컨설팅업체인 딜로이트가 2022년 46개국 MZ세대 2만 3천여 명을 설문조사한 결과에 따르면, 가장 걱정하는 사항으로 생활비를 꼽은 비중은 한국 MZ세대가 45%로 나타나 글로벌 MZ세대(32%)보다 높았다. 한국의 MZ세대는 31%만이 "재정적으로 안정되어 있다"고 답하여 글로벌 MZ세대의 평균(42%)에 비해 낮았다.

다음으로 개인단위 미시적 분석을 시행한 결과 높은 경쟁압력과 불안(고용・주거・양육 불안)이 실제로 저출산과 연관되어 있음을 확인할 수 있었다.

경쟁압력
(1-5 답변의 합, 5~25점)

1. 나는 내주변에 **너무 많은사람들이 살고 있다고 생각한다**
   (매우 그렇다/대체로 그렇다/..../전혀 그렇지 않다)
2. 내가 원하는 것을 이루려면 다른사람과의 **경쟁을 피할 수 없다**
3. 나는 남들보다 **뒤쳐질까봐 불안**한 마음이 든다
4. 내가 원하는 것과 같은 것을 원하는 **경쟁자들이 많다**
5. **성공하기 위해**서는 서울이나 수도권에 살아야 한다

[자료 1-2] 경쟁압력 측정 지표

※ 5점 척도로 응답. 매우 그렇다=5점, 대체로 그렇다=4점, …, 전혀 그렇지 않다=1점

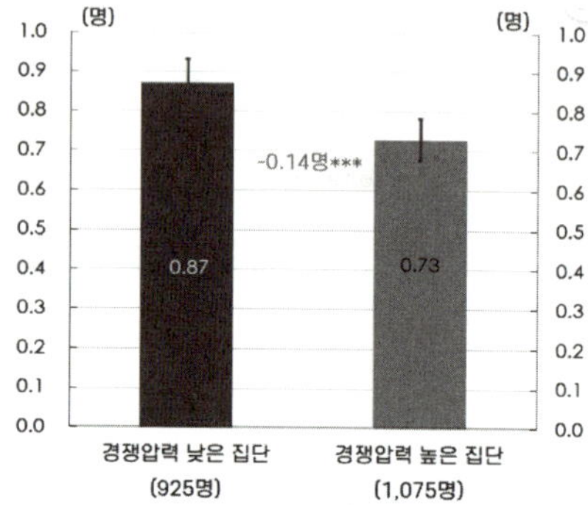

[그림1-5] 경쟁압력 체감도별 평균 희망자녀수

※ 1) 미혼자는 결혼의향이 없으면 희망자녀수 =0 처리, 전체 평균은 0.80명
2) 전체 설문응답자의 경쟁압력인식 중앙값(18점, scale 5~25)을 기준으로 경쟁압력 체감도가 낮은 집단(<=18)으로 구분. p-value는 1% 수준에서 두 집단의 평균이 유의하게 다름을 의미(양측 검정 기준)
3) 막대바는 95% 신뢰구간

경쟁압력과 저출산의 연관성을 보기 위해 전국 25~39세 남녀 2천 명에 대해 설문조사를 실시하였다(2022.9, 한국갤럽, 미혼자 1천 명과 무자녀인 기혼자 1천 명). 그 결과 경쟁압력을 많이 느끼는 청년일수록 희망자녀수가 적은 것으로 나타났다. 회귀분석을 통해 여러 인구통계변수를 통제한 후에도 경쟁압력 체감도가 높을수록 유의하게 희망 자녀수가 적은 것으로 나타났다.

주거비 부담의 부정적 영향도 확인되었다. 같은 설문조사에서 무작위통제실험(Randomized Controlled Trial)을 실시하였는데, 주택마련비용을 먼저 연상케 한 후 결혼/출산의향을 물은 그룹에서 (그림의 T1) 결혼의향이 낮고 희망 자녀수가 적게 나타났다. 이렇게 무작위통제실험을

하면 각 개인이 어느 그룹에 속할지 무작위(random)로 정해지기 때문에 각 그룹의 속성은 거의 균질적인 상태에서 오직 처치(Treatment)만이 다를 때 결과가 어떻게 달라지는지 인과관계를 포착할 수 있다. 이를 통해 다른 비용이 아닌 주거비를 연상했을 때 청년의 결혼/출산 의향이 떨어진다는 것이 엄밀하게 확인된 것이다.

당사자에게 직접 미혼 및 무자녀인 사유를 설문한 결과 역시, "결혼하고 싶지만 상황이 여의치 않아서(취업, 생활안정, 집마련 문제 등)", "양육비용이 부담되어서"를 가장 많이 꼽아, 이 역시 고용・주거・양육 불안이 저출산의 원인임을 시사하였다.

출처: 경제연구원 거시경제연구실 이하림, 조사역, 황인도 실장(https://www.bok.or.kr/)

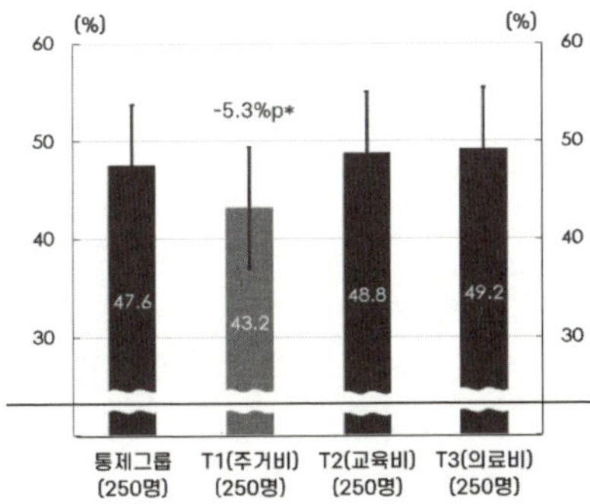

[그림 1-6] 무작위통제실험 그룹별 결혼의향자 비중

(미혼자 1천명: 47.2%)

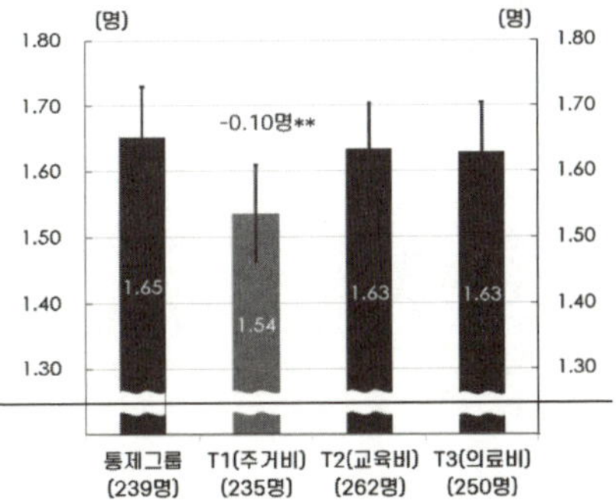

[그림1-7] 무작위통제실험 그룹별 희망자녀수

※ T1에는 주택마련에 걸리는 기간, 준비정도 등을 질문(3개)하고, 관련정보(PIR 8.4년)를 제공한 후 결혼의향 등 질문. 막대바는 95% 신뢰구간

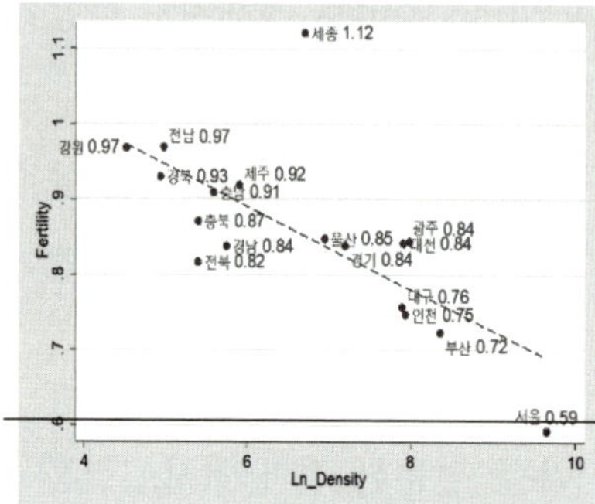

[그림 1-8] 시도별 인구밀도와 합계출산율 간 관계

※ Xcnr은 로그취한 인구밀도(명/㎢), Y축은 합계출산율(`22년). 상관계수=-0.69

자료: 통계청 「인구동향조사」; 한국토지주택공사 「도시계획현황」

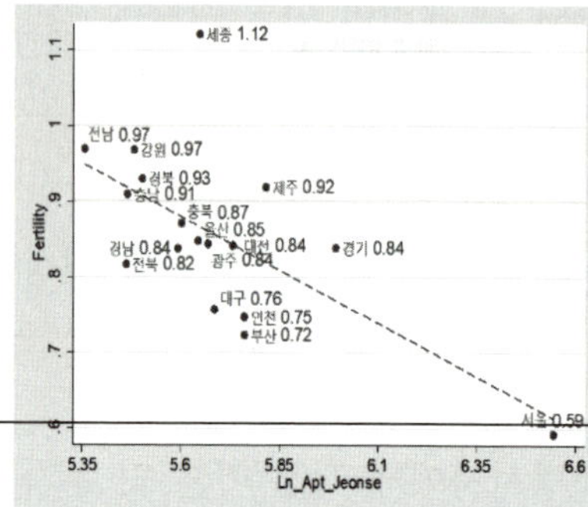

[그림1-9] 시도별 주택가격과 합계출산율 간 관계

※ X축은 로그취한 아파트전세 실거래 중위가격)`22.12), Y축은 합계출산율(`22년). 상관계수=-0.65

자료: 통계청 「인구동향조사」; 한국부동산원 부동산통계정보시스템

제2장

인구문제 이해하기(2) - 결혼 기피 현상

수업목표

- 청년세대의 결혼에 대한 인식을 이해하고 설명할 수 있다.
- 미혼율의 변화 추이를 분석하고 그 원인을 이해할 수 있다.
- 사회인구학적 요인이 결혼 의향 및 결혼 연령에 미치는 영향을 분석할 수 있다.
- 지역별 인구 및 혼인 현황을 비교 분석할 수 있다.

주제어

청년세대 결혼에 대한 인식, 미혼율 추이 분석, 사회인구학적 요인과 결혼의 관계

〈용어 사용의 정의: 미혼〉

이 장에서는 사용되는 용어와 관련하여 사전적인 설명이 필요하다. 우리 사회에서 결혼한 적이 없는 상태(never married)는 일반적으로 '미혼'으로 지칭되어 왔다. 그러나 이 용어는 결혼을 아직 하지 않았다는 뜻으로, 결혼을 의무화하는 것이라는 비판을 받아왔다. 대안적인 용어로 '비혼'이 사용되고 있지만, 이는 이혼이나 사별 등 다른 무배우(not married) 상태를 포함하여 사용되는 경우도 있어, 혼인 이행에 주목하는 인구학적 분석에서는 다소 적절하지 않을 수 있다. 따라서 수업 내용의 맥락에 따라 불가피하게 '미혼'이라는 용어를 사용하고자 한다. 또한, 미혼율이 높아지는 현상을 '미혼화'라고 표현하겠다. 이는 미혼율 상승이 상당히 광범위하게 일어나고 있기 때문이며, 결혼 연기뿐만 아니라 결혼 포기, 결혼에 대한 적극적 거부, 또는 제도적 결혼 관계에 대한 반대까지도 포함하기 때문이다.

1. 청년세대 결혼에 대한 인식

▣ 결혼에 관한 인식조사 결과(통계청, 2012~2022 사회조사)

-(결혼하지 않는 이유) 자금 부족(33.7%) 〉 필요를 느끼지 못해서(17.3%) 〉 출산·양육부담(11.0%) 〉 고용불안(10.2%) 〉 결혼상대 부재(9.7%) 순

-(결혼 '긍정' 인식 비율) '22년 기준 36.4%로 10년 전 대비 20.1%p↓ 남성 43.8%('12년 대비 22.3%p↓), 여성 28.0%('12년 대비 18.9%p↓)

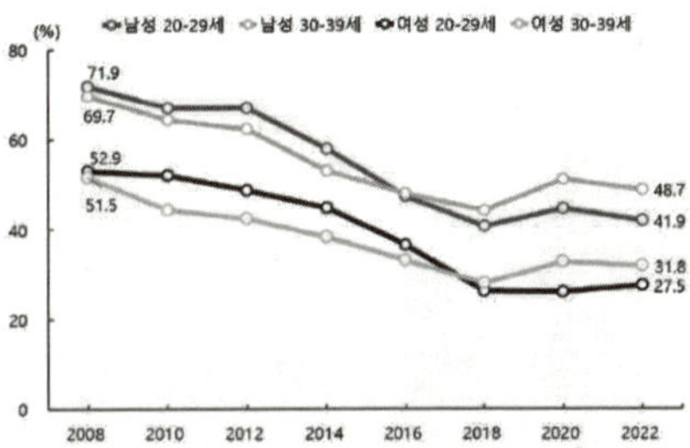

[그림 2-1] 성별 20~20대 청년들의 결혼에 대한 태도, 2008 ~ 2022

※ 1) 20~30대를 분석 대상으로 함.
2) “귀하는 결혼에 대해 어떻게 생각하십니까?”에 대해 ‘반드시 해야 한다’ 혹은 ‘하는 것이 좋다’고 응답한 사람들의 비율임.

출처: 통계청, 「사회조사」 각 연도.

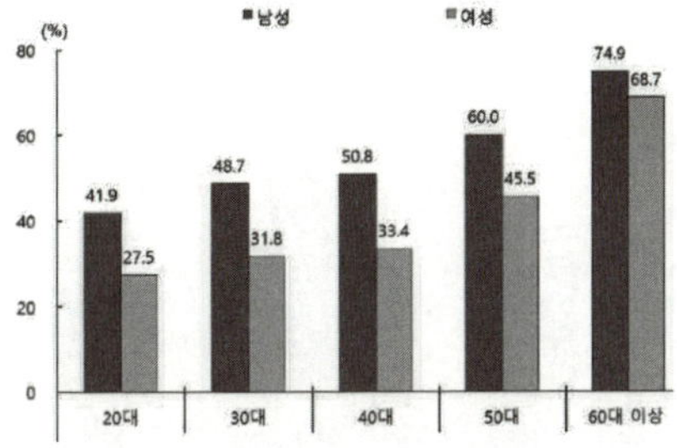

[그림 2-2] 성 및 연령별 결혼에 대한 태도, 2022

※ “귀하는 결혼에 대해 어떻게 생각하십니까?”에 대해 ‘반드시 해야 한다’ 혹은 ‘하는 것이 좋다’고 응답한 사람들의 비율임.

출처: 통계청 「사회조사」, 2022.

2. 미혼율 추이

▣ (미혼율) ′00년 27.9% → ′22년 31.1% (3.2%p 증가)

– 남성 ′00년 31.7% → ′22년 36.0% (4.3%p 증가)
  여성 ′00년 24.4% → ′22년 26.3% (1.9%p 증가)

– 연령대별 20대 92.8%(21.7%p 증가), 30대 42.5%(29.5%p 증가)

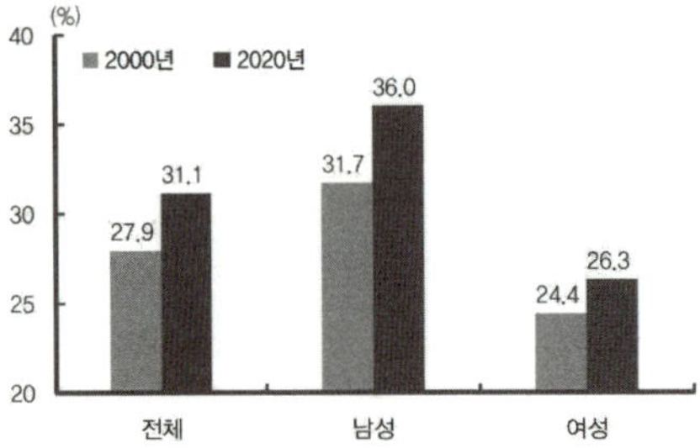

주: 1) 15세이상 인구 대상

[그림 2-3] 성별 미혼율 변화('00→'20)

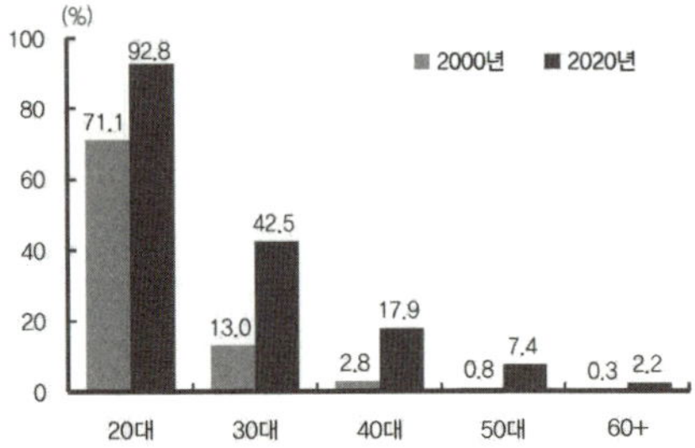

자료: 인구총조사

[그림 2-4] 연령대별 미혼율 변화('00→'20)

3. 지역별 인구 및 혼인 비교

▣ (인구) 전체 인구의 50.5%가 수도권(전국 면적 11% 수준) 거주('22년 기준)

- 지방거점도시(20만 이상, 비수도권 22개) 인구*는 지속 감소 추세

* ('19) 884.4만 명 → ('20) 883.6만 명 → ('21) 882.4만 명 → ('22) 878만 명

- 수도권 등 제외 20·30대 여성 비율 지속 감소

* 경북(0.81명), 울산·충북(0.82명), 충남·강원(0.83명) 하위권

〈표 2-1〉 시도별 20 · 30대 남성 1명당 20 · 30대 여성 성비 (단위: 명)

구분	서울	부산	대구	인천	광주	대전	울산	세종	경기	강원	충북	충남	전북	전남	경북	경남	제주
12년	0.99	0.94	0.93	0.94	0.97	0.96	0.89	0.88	0.96	0.88	0.90	0.88	0.90	0.87	0.87	0.90	0.93
22년	1.04	0.94	0.89	0.92	0.93	0.90	0.82	1.00	0.91	0.83	0.82	0.83	0.88	0.84	0.81	0.84	0.93

▣ (혼인) 시도별 조(組)혼인율(인구 1천 명당 혼인 건수) 세종(4.4건), 제주(4.0건), 경기(4.0건) 순으로 높고, 전북(3.0건), 경북(3.1건), 대구(3.2건) 순으로 낮음

〈표 2-2〉 2022년 시도별 혼인 건수(천 건) 및 조혼인율

(단위: 천 건, %, 인구 1천 명당 건)

구분	전체	서울	부산	대구	인천	광주	대전	울산	세종	경기	강원	충북	충남	전북	전남	경북	경남	제주
혼인 건수 (비율)	192 (100)	36 (18.7)	11 (5.5)	7 (3.9)	11 (5.7)	5 (2.6)	6 (3.0)	4 (2.1)	2 (0.9)	54 (28.3)	6 (2.9)	6 (3.2)	8 (4.2)	5 (2.8)	6 (3.2)	8 (4.3)	11 (5.5)	3 (1.3)
조혼 인윤	3.7	3.8	3.2	3.2	3.7	3.4	3.9	3.6	4.4	4.0	3.6	3.9	3.8	3.0	3.4	3.1	3.2	4.0

▣ (출생) 조출생률(인구 1천 명당 출생아 수)은 ′12년 평균 9.5명으로, ′22년 4.8명으로 약 49% 감소

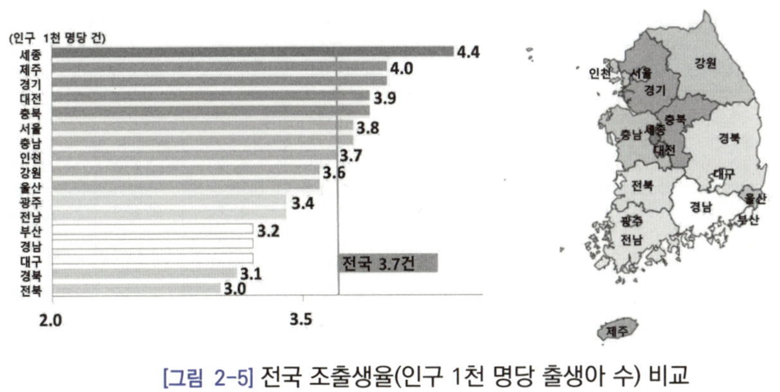

[그림 2-5] 전국 조출생율(인구 1천 명당 출생아 수) 비교

– 시도별 조출생률의 경우 경남(4.3명, △57.3% 감), 전북(4.0명, △54.2% 감), 울산(4.9명, △54.1% 감) 등에서 큰 폭 감소

〈표 2-3〉 2012년 대비 2022년 시도별 출생 건수 및 조출생율

(단위: 명, %)

시도	2012			2022			증갑	
	출생아수	합계 출산율	조 출생율 (A9.5)	출생아수	합계 출산율	조 출생율 (A)	B-A	B-A/A
전국	484,550	1.3	9.2	249,186	0.78	4.8	△4.7	△49.1
서울	93,914	1.06	9.2	42,602	0.59	4.5	△4.7	△50.9
부산	28,673	1.14	8.1	14,134	0.72	4.3	△3.8	△47.4
대구	21,472	1.22	8.6	10,134	0.76	4.3	△4.3	△50.0
인천	27,781	1.3	9.8	14,464	0.75	4.9	△4.9	△50.1
광주	14,392	1.3	9.8	7,446	0.84	5.2	△4.6	△46.9
대전	15,279	1.32	10.0	7,677	0.84	5.3	△4.7	△47.0
울산	12,160	1.48	10.6	5,399	0.85	4.9	△5.7	△54.1
세종	1,054	1.6	9.3	3,209	1.12	8.4	△1.0	△10.2
경기	124,746	1.36	10.3	75,323	0.84	5.5	△4.8	△46.3
강원	12,426	1.37	8.1	7,278	0.97	4.7	△3.3	△41.3
충북	15,139	1.49	9.7	7,452	0.87	4.7	△5.0	△51.7
충남	20,448	1.57	10.1	10,221	0.91	4.8	△5.3	△52.2
전북	16,238	1.44	8.7	7,032	0.82	4.0	△4.7	△54.2
전남	16,990	1.64	8.9	7,888	0.97	4.3	△4.6	△51.2
경북	24,635	1.49	9.1	11,311	0.93	4.3	△4.8	△52.4
경남	33,211	1.5	10.0	14,017	0.84	4.3	△5.7	△57.3
제주	5,992	1.6	10.3	3,599	0.92	5.3	△5.0	△48.3

제3장 비혼화와 저출산 대응 방안

수업목표

- 세계와 한국의 인구변화 추이를 이해하고 설명할 수 있다.
- 2000년부터 현재까지 청년층 1인 가구의 변화 추이를 분석할 수 있다.
- 국가적 차원과 개인적 차원에서의 비혼화와 저출산 문제 대응 방안을 모색할 수 있다.
- OECD 가입 국가별 비혼화 실태를 비교하고 한국의 상황을 이해할 수 있다.

주제어

인구변화 추이, 1인 가구, 비혼화

〈용어 사용의 정의〉

청년

- 만 20~44세의 미혼 남녀를 의미함.

비혼

- 스스로 결혼을 선택하지 않은 사람, 즉, 결혼할 의향이 없는 사람을 의미함.
- 비혼과 대별되는 개념으로 결혼 의향이 있는 경우는 결혼 연기라 하며, 개인적인 가치관 혹은 신념에 기인하여 결혼을 미루는 경우 자발적 결혼연기, 사회·제도적 장벽에 의한 결혼 연기를 비자발적 결혼 연구로 구분함.

비혼율

- (해당집단 미혼자 수 ÷ 해당집단인구) × 100

남고여저

- 여성이 자신과 비슷하거나 우월적인 사회경제적 지위를 가진 남성과 혼인하는 현상

대한민국은 근대 경제발전 과정에서 우수한 노동력을 바탕으로 제조업 중심의 산업구조를 추구해 왔으며, 그 결과 세계 최고의 제조업 대국이라는 명성을 얻었다. 그리고 인공지능으로 대표되는 제4차 산업혁명에 대한 대비에서도 뛰어난 인적 자원을 무기로 기술 선도국이 되기 위해 노력하고 있다. 우수한 인적 자원과 양질의 노동력은 한국의 경제성장과 지속가능한 발전의 근간으로 인식된다. 따라서 다른 어느 나라보다 한국의 초저출산 문제는 경제, 사회, 정치 등 전 영역에서 상상 이상의 파급력을 가지고 있다고 할 수 있다.

한국의 초저출산 문제가 청년의 결혼 연기와 출산 기피로 인해 초래되었다는 사실을 부인할 수 없다(변수정 2017). OECD family database (2020)에 따르면, 한국의 전체 출생아 중 혼외출생아가 차지하는 비중은 2016년 1.9%로 OECD 회원국 중에서 가장 낮다. 제도적·문화적으로 혼외출산이 존중받지 못하는 사회이며 이에 대한 제도적 지원과 사회적 지지망을 갖추는 데 많은 시간이 필요할 것이므로 현재의 저출산 문제는 혼인 내 출산을 중심으로 해법을 모색해야 할 것이다.

한국의 저출산은 비혼과 밀접한 관계가 있다. 개인의 결혼과 출산 결정은 과거의 이력, 현재 상황, 미래 전망, 그리고 정치·사회적 환경 등을 종합적으로 고려해 이루어진다. 따라서 결혼과 출산은 개인에게 주어진 협소한 기회와 한정된 자원을 어떻게 활용할지에 대한 종합적 판단과 관계가 있으며, 본인과 자녀를 포함한 가족 전체의 현재에 대한 평가와 미래에 대한 투사를 반영한 결과이다. 따라서 저출산 대책은 청년이 결혼을 연기하거나 선택하지 않는 이유에 대한 고민에서 시작해야 하며, 이 행위가 가진 복합적이고 장기적인 속성을 이해해야 한다(김석호, 2022).

1. 비혼과 출산율과의 관계

대한민국뿐만 아니라 세계적으로 확산되는 비혼(非婚)주의

지난 10년간 혼인이 줄어든 만큼 출산율도 같은 속도로 급감한 것으로 나타났다. 앞서 살펴본 바와 같이 우리나라는 결혼을 해야 아이를 낳을 수 있다는 인식이 매우 강하다. 이런 문화 때문에 비혼(非婚) 확산으로 혼인 건수가 줄자 출산율도 동반 감소하고 있는 것이다.

통계청이 발표한 '2023년 혼인 · 이혼 통계'에 따르면 작년 혼인 건수는 19만 3657건으로 2022년(19만 1690건)보다 1% 늘어났다. 코로나 사태로 미뤄진 결혼이 2022년 하반기와 작년 상반기에 몰리면서 12년 만에 혼인 건수가 소폭 반등한 것이다. 하지만 중장기적으로는 혼인 건수가 꾸준히 하락하는 추세다. 2013년 32만 2807건이던 혼인 건수는 10년 사이 40%나 줄었다. 눈여겨볼 부분은 같은 기간 우리나라의 합계 출산율(여성 1명이 평생 낳을 것으로 예상되는 출생아 수)도 거의 같은 비율로 줄었다는 것이다. 2013~2023년 사이 출산율은 1.187명에서 0.72명으로 39.3% 하락했다.

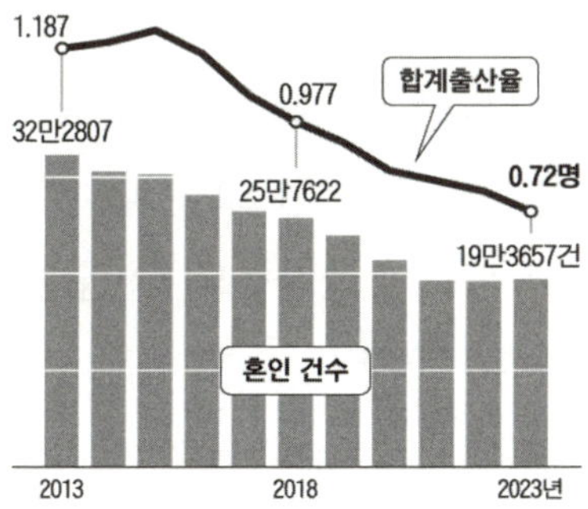

[그림 3-1] 연도별 혼인 건수 및 합계출산율

자료: 통계청

비혼주의는 저성장, 개인주의 심화 등 다양한 요인들로 인해 우리나라 뿐 아니라 세계적으로 확산하는 추세다. 결국 출산율을 높이려면 극도로 낮은 우리나라의 '비혼 출산' 비율을 대폭 끌어올려야 한다는 의견에 힘이 실리고 있다. 2020년 기준 우리나라의 비혼 출산 비율은 2.5%로 경제협력개발기구(OECD) 최하위 수준이다. OECD 평균(41.9%)의 17분의 1 정도에 불과하다. 미국(40.5%), 영국(49%), 프랑스(70.4%) 등 주요국과 비교하면 차이가 더 벌어진다.

(단위: %, 2020년 기준)

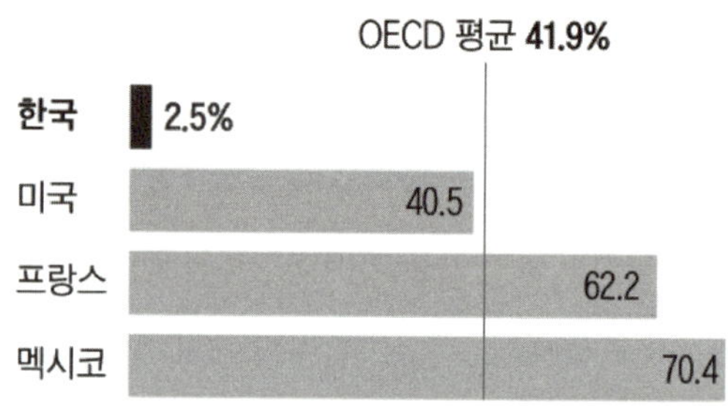

[그림 3-2] 주요국 비혼 출산 비율

자료: 경제협력개발기구(OECD)

비혼 출산이 활발한 나라는 합계 출산율도 높은 편이다. 비혼 출산 비율이 70.4%인 멕시코의 출산율은 1.82명(2021년 기준)이나 된다. 비혼 출산 비율이 62.2%인 프랑스의 출산율도 1.8명(2022년 기준)으로 10년 연속 유럽연합(EU) 1위를 기록했다. OECD에 따르면 39개 회원국 중 비혼 출산 평균 비율을 웃도는 나라들의 합계 출산율은 1.61명인 데 반해 평균을 밑도는 나라들의 합계 출산율은 이보다 0.16명 낮은 1.45명인 것으로 나타났다. 인구학계 권위자인 데이비드 콜먼 옥스퍼드대 명예교수는 작년 국내 학술 세미나에 참석해 "출산율이 1.6명을 넘는 나라 중 비혼 출산 비율이 30% 미만인 나라는 한 곳도 없다."고 밝혔다.

2. 비혼 출산과 출산율의 상관관계

비혼 출산, 출산율과 높은 상관관계

비혼 출산을 높일 경우, 출산율을 얼마나 끌어올릴 수 있을 것인지에 대해 연구한 결과도 있다. 김영철 서강대 경제학과 교수 연구(2024)에 따르면, 비혼 출산 비율이 1% 포인트 상승할 경우 합계 출산율을 0.0075명 높일 수 있는 것으로 분석됐다. 김 교수는 "한국 비혼 출산 비율이 OECD 평균 수준으로 올라갈 경우 합계 출산율을 0.3명가량 높일 수 있다는 계산이 나온다."고 말했다.

비혼 출산 확대가 출산율 반등으로 이어질 가능성이 매우 높지만, 비관적 시각도 있다. 개인의 자유를 존중하고, 개방적인 문화를 가진 서구권과 달리 우리나라는 동거나 혼전(婚前) 임신을 부정적으로 보는 문화가 뿌리 깊게 자리 잡고 있어서 비혼 출산을 확대하는 것이 현실적으로 어렵다는 것이다.

하지만 비혼 출산 비율이 40%를 넘는 미국, 스페인, 영국과 같은 나라도 불과 50~60년 전에는 비혼 출산 비율이 한 자릿수에 불과했다. 우리나라 역시 비혼 출산 비율을 높일 수 있는 가능성이 아예 닫혀 있다고 볼 수는 없는 것이다.

비혼 출산에 대한 인식도 꾸준히 개선되고 있다. 통계청 사회 조사 결과에 따르면 13세 이상 인구 중 "결혼하지 않고도 자녀를 가질 수 있다"고 생각하는 비율은 지난 2022년 34.7%로 10년 전(22.4%)보다 12.3%포인트 늘었다. 특히 미래 세대인 10대와 20대의 답변율은 각각 44.1%, 39%에 달했다. 같은 기간 '혼전 동거'에 대한 긍정적 인식도 45.9%에서 65.2%로 19.3%포인트 상승했다.

토론하기

'비혼 동거'지원, 저출산 대책 될 수 있나?

▣ 비혼동거 · 비혼출산 저출산 대안이 될까? 관련 뉴스를 시청하고 토론해보자.

관련영상자료 이동

[찬성의견]

이 정책 방안에 대해 기본적으로 찬성한다. 각 개인이 지향하는 삶의 방식을 선택할 수 있는 자유를 확대하는 것은 바람직하다. 가족의 형태와 관계없이 그 구성원이 법적 · 제도적 · 사회적으로 불이익을 받지 않도록 하는 노력은 저출산 대책을 떠나서 기본적인 인권의 문제이고, 특히 모든 아동을 보호해야 한다는 관점에서 꼭 필요한 일이다. 이는 청년을 비롯한 국민의 인식 변화를 적절하게 반영하는 길이기도 하다. 2020년 가족실태조사 결과에 따르면 결혼하지 않고 함께 사는 데 20대 인구의 46%가 동의하는 것으로 나타났다.

[반대의견]

그러나 비혼 동거 지원이 한국의 여건에서 실효성 있는 저출산 대책이 되기 어렵다고 생각한다. 우선 정책의 의도대로 비혼 동거의 불이익이 사라져서 비혼 청년 인구의 상당수가 '동거 동반자'로 전환된다고 하더라도, 결혼한 부부도 아이를 낳기 어려운 한국 사회에서 비혼 부부가 아이를 낳을 수 있을지 의문이다. 결혼한 부부의 출산율은 2010년 이후 급락하고 있고, 결혼해서 자녀를 갖지 않는 부부의 비중은 빠르게 늘고 있다.

3. 비혼 가정 현실의 장벽

빈약한 '비혼 가정' 지원책

비혼 출산에 대한 부정적 시선은 조금씩 개선되고 있지만, 아이를 키우는 비혼 가정에 대한 지원은 빈약한 상태다. 대표적인 것이 세금 관련 문제다. 우리나라에서는 결혼하지 않은 커플이 아이를 낳을 경우 엄마에게 우선적으로 출생신고 의무를 부여한다. 이때 엄마의 법적 지위가 '미혼모'이기 때문에 부부 단위 가정에 주어지는 각종 세제 혜택을 받을 수 없다. 예컨대 아이의 아빠가 일을 하면서 비혼 가족을 부양해도 소득세를 낼 때 인적 공제나 교육비 혜택 등을 받을 수 없다.

자녀의 가족관계증명서에 '혼인 외 출생' 표시가 남는 것도 문제다. 아이에게 평생 '혼외자'라는 낙인이 찍힐 수 있다. 실제로 여성가족부와 한국여성정책연구원이 발표한 '2021년 비혼동거실태조사'에 따르면 동거가족의 46.8%는 자녀 양육에 대해 "부정적 시선이 걱정된다."고 답했다.

회사에서는 가족에 대한 모호한 기준 때문에 벽에 부딪힌다. 사실혼 상태인 근로자의 경우, 출산휴가나 가족돌봄휴가 등을 쓰는 것이 너무 어렵기 때문이다. 동거 상태를 입증할 증인을 구해 동의서를 받아야 하는 등 번거로운 절차를 거쳐야 한다. 비혼 커플은 신혼부부 행복주택에 지원할 수 없고, 주택청약 시 받는 가점에서도 손해를 볼 수밖에 없다. 비혼 커플 중 한 명이 아파서 급히 수술을 해야 할 때도 큰 문제가 발생한다. 법적으로 가족만 수술 동의서를 작성할 수 있기 때문이다. 한국보건사회연구원은 "현행 제도상 부부를 지원할 때 혼인 관계를 전제로 하는 탓에 의료나 출산·육아 관련 서비스를 이용하지 못하는 일이 벌어지고 있다"며 "작년에 발의된 '생활동반자법'과 같이 비혼 출산 가구를 인정하는 제도적 장치와 함께 가족의 범위를 확대하는 노력도 기울여야 한다."고 말했다.

4. 정부의 저출산 대응 방안

정부는 저출산・고령화 등 인구문제에 대응하고자 2006년부터 5년마다 「저출산 고령사회 기본계획」(이하 기본계획)을 수립하여 실행하고 있다. 기본계획에서는 저출산・고령사회에 대한 중장기 정책목표 및 방향을 설정하고, 이를 추진하기 위한 부처를 망라한 200여 개 주요 추진과제들로 구성된다. 이 기본계획을 실제 집행하기 위한 실행계획을 매년 작성하는데, '○○조를 쓰고도 효과 없는 저출산 정책'이라는 비판의 출처는 바로, 이 시행계획에 담겨 있는 사업 예산들의 총합이다. 물론 엄청난 규모의 예산이 투여된 것은 맞지만 비판의 근거인 저출산 예산 총액은 잘못 산정되고 있다. 여기에는 저출산과 직접 관련없는 사업들이 다수 포함되어 있고, 주택자금 대출과 같이 상환 예정인 대출금도 그대로 지출 예산으로 산정된다. 무엇보다 기존 정책에 일부 예산이 증액된 사례도 다수 존재한다.

정부의 저출산 정책은 많은 비판을 받지만 무시할 수 없는 성과들도 존재한다. 예를 들어 우리 사회에서 매우 생소한 개념이었던 '저출산・고령화 문제'를 매우 짧은 기간 동안 전 국민이 인식하는 사회문제로 부각시켰으며, 과거 OECD 평균의 1/10 수준에도 미치지 못하던 공공의 가족지출 예산(비중)을 10배 이상으로 크게 증가시키는 계기를 마련하기도 하였다. 이를 통해 우리 사회 전체의 복지에 관한 인식이 크게 전환되었다고 평가할 수 있다.

그러나 10여 년의 정책적 노력에도 불구하고 그동안 등락을 반복하던 합계출산율은 2016년부터는 경제 위기 등 특별한 외부 요인 없이 꾸준하게 하락하여 2018년에는 1.0 밑으로 떨어졌고, 급기야 지난해에는 0.78이라는 충격적 수치에 이르렀다. 이 정도로 낮은 출산율은 옛 동독 지역에서 통일로 체제가 붕괴된 직후 1994년에 일시적으로 나왔던 수치로, '사회가 붕괴할 때 나타나는 괴멸적 수준'이라는 평가가 과장은 아니라고 생각한다.

조사하기 **우리나라 정부가 시행한 저출산 대응 방안 혹은 정책을 조사하여 발표하기**

-
-
-

그러면 왜 저출산 정책은 효과를 나타내지 못하는 것일까?
개별사업 중심 접근과 경제주의

그러면 왜 저출산 정책은 효과를 나타내지 못하는 것일까? 그 답은 저출산 문제의 원인 구조와 정책 접근 방법의 불일치에 있다. 청년들이 생애과정의 이행을 더디게 하고 자녀를 갖지 않는 것은 여성 경력 단절을 포함한 일자리, 주거, 사교육 등 우리 사회의 구조적 문제들 때문이다. 그러나 우리의 저출산 정책은 지원 위주의 개별 사업들로 이루어져 있어, 지원 수준을 늘리더라도 저출산의 구조적 원인은 여전히 지속되고 악화

되고 있기 때문에 출산율은 계속 떨어지고 있다. 이러한 개별 사업 중심의 접근 이면에는 인구 문제에 대한 우리 사회의 뿌리 깊은 경제주의적 프레임이 존재한다. '출산과 육아 관련 비용이 감소하면 출산율이 오르게 될 것'이라는 경제학적 가정 아래 사업들이 나열·확장되었는데, 이는 청년의 삶과 인구 변화의 복잡성을 '비용 문제'로 지나치게 단순화했다고 비판할 수 있다. 실제로 기본계획의 근거인 「저출산·고령사회기본법」을 들여다보면 제1항의 목적에서부터 '국가의 경쟁력과…… 지속적 발전'이라는 국민경제 중심적 시각이 발견된다. 심지어 제7조 인구정책을 보면, 인구에 관한 경제학 이론인 '적정인구(optimum population)'를 분석해야 한다고 명시하고 있다. 이는 이론적 논의를 실제 정책으로 끌고 온 것도 문제이지만, 이것은 누구를 위한 '적정'인가라는 논란의 소지를 안고 있다. 나아가 지난 정부가 이미 폐기한 '목표 출산율'을 다시 설정하게 하는 법률적 근거가 될 수 있다.

사실 이러한 인구에 관한 경제주의적 인식은 우리 사회 전반에 자리 잡고 있다. 인구 고령화의 부정적 영향을 '노동력 부족, 경제성장 둔화, 정부 예산 불균형'과 같은 경제적 문제들로 보는 시각이 가장 대표적이다. 저출산 문제가 누적되면서 나타나게 될 우리 사회의 고령화 문제와 그에 따른 인구감소의 파장은 경제 영역을 넘어 사회정치적 문제로 발전할 것이다. 본격적 고령화가 진행되면서 계층, 지역, 세대를 따라 격차와 불평등이 증가하고 이에 따라 나타나는 사회 갈등들이 우리 사회의 통합과 연대성에 대한 위협으로 이어질 위험성이 매우 높다.

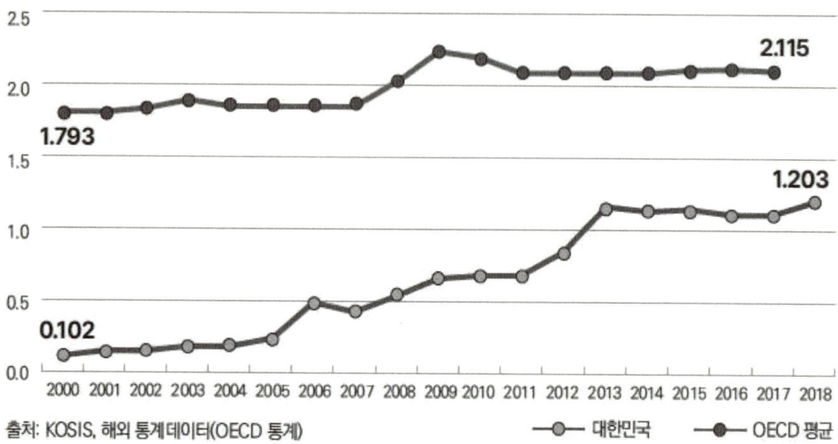

[그림 3-3] 가족공공지출(GDP 대비 %)

종합적 인구정책을 위한 거버넌스

지난 17년 동안의 인구정책과 저출산의 심화는 우리 사회「저출산 · 고령사회 기본계획」 체계의 한계를 확인하는 시간이었다고 할 수 있다. 물론 앞으로도 가족복지 사업들은 그 효과성을 높이면서 계속해서 발전해야 한다. 그와 더불어 지금까지 기본계획 체계가 풀지 못한 사회구조적 문제들에 직접적으로 다가가고, 인구 변동이 초래할 사회변화에 선제적으로 대응할 수 있도록 하는 인구정책의 거버넌스 체계가 새롭게 마련되어야 한다. 그리고 인구 문제에 관한 사회철학적 기반을 만들기 위한 사회적 인구 담론도 함께 형성되어야 한다. 그러기 위해서는「저출산 · 고령사회 기본법」을 획기적으로 개선 혹은 대체하기 위한 법률 근거 마련 작업이 조속히 추진되어야 한다.

출생아 수의 가파른 감소를 완화할 수 있는 대책으로 비혼 출산을 제도적으로 지원해야 한다는 목소리가 커지고 있다. 서구 국가들의 사례처럼 '등록 동반자' 제도를 도입하여 '비혼 부부'와 이들이 키우는 아이가 법적·제도적으로 불이익을 받지 않도록 하는 구체적인 방안도 제시된다.

이러한 주장의 배경과 근거는 대체로 다음과 같다.

첫째, 비혼의 확산은 우리나라 출산율 하락의 중요한 요인이다. 25~39살 여성 중 결혼한 여성의 비율은 지난 30년간 85%에서 45%로 줄었다. 필자의 연구 결과는 30년간 출생아 수 감소의 약 85%는 비혼의 증가로 말미암은 것이었음을 보여준다.

둘째, 한국은 다른 나라와 비교할 때 비혼 출산 비율이 매우 낮은 편이다. 결혼하지 않은 커플에게서 태어나는 아이의 비율은 경제협력개발기구(OECD) 가입국 평균은 40%가 넘지만, 한국은 4% 미만에 불과하다. 이러한 여건에서 비혼 출산이 늘면 출산율을 높이는 데 도움이 될 수 있다는 것이다.

출처: 사설칼럼 2024. 06.10. 이철희(서울대 경제학부 교수)

생각 하기

그렇다면, 어떤 대응 방안을 마련해야 할까?

[읽기 자료]

"20대, 아이 셋 두면 군 면제"? … 與 저출생 대책 '싸늘'

(KBS 뉴스 입력 2023.03.23. 김범주 기자)

지난 21일 밤부터 포털과 SNS 등을 휩쓸고 있는 키워드, 단연 여당발(發) '저출산 대책'입니다.

① 아동 수당을 18세까지 매달 100만 원씩, 1인당 2억 천여 만 원을 지급한다 ② 30세 전에 자녀를 셋 이상 둔 남성의 병역을 면제한다는 방안 등입니다.

포털 이용자 반응은 사뭇 달랐습니다.

'아동 수당 지급' 건에 대해선 일단 우호적이었습니다. 경제협력개발기구(OECD) 국가 중 꼴찌를 벗어나지 못하고 있는 출생률을 고려할 때 "할 수 있는 건 다 해봐야 된다"는 위기감이 주를 이뤘습니다.

> 이정도는 되어야 꼴찌는 탈출하지 (rlaq****)
> 그래 뭐라도 해라 진짜 나라 사라지는 거 체감돼서 겁난다 (qjae****)
> 뭐든 빨리해봐라. 말만 하지 말고 (ms16****)

반면 '병역 면제' 혜택에 대해선 "황당하다"는 비난 목소리가 상당했습니다.

' 초혼 연령은 알고 말하느냐'는 비판부터 '부잣집 병역 면제 루트'라는 지적에, 일각에선 '병역 문제'를 '출산'과 연계시키는 부분을 두고 성별 혐오 댓글로까지 번졌습니다.

'자녀 셋이면 원래 부양가족 면제 혜택이 있다'는 의견도 나왔는데, 병역법상 아이를 셋 이상 낳아도 보유 재산과 소득이 일정 기준에 부합해야 군 면제가 가능합니다.

(…하략)

-
-
-

제 4 장

결혼의 의미와 변화

수업목표

- 결혼의 전통적 및 현대적 의미를 이해하고 설명할 수 있다.
- 성별에 따른 혼인과 출산 결정 요인을 분석할 수 있다.
- 한국의 현재 혼인 실태를 이해하고 설명할 수 있다.

주제어

결혼의 의미, 결혼의 동기, 결혼의 통념, 비혼

1. 결혼의 의미

1) 결혼의 개념

학문적으로 결혼은 자신이 태어나 성장한 출생 가족(원가족: family of origin)을 떠나 배우자와 함께 새로운 가족을 형성하는 법적·사회적 결합이다(김명자 외, 2009). 흔히 '제2의 탄생'이라고

일컫는 결혼은 성인 남녀가 부모나 형제자매와 함께했던 원가족을 떠나 배우자와 함께 새로운 가족(생식가족: family of procreation)을 형성한다는 점에서 새로운 인생의 출발이라고 할 수 있다. 또한, 결혼이란 적절한 연령에 도달한 성인 남녀가 이성 교제와 배우자 선택 과정을 통해 애정과 신뢰를 확인하고 정신적·육체적으로 결합하는 것이다(정옥분 외, 2009). Olson 외(2014)는 결혼을 "정서적·육체적 친밀감, 다양한 과업, 경제적 자원을 공유하는 두 사람의 정서적이고 법적인 공약"이라고 정의하였다.

2) 결혼의 특성

가족치료 전문가이자 사회학자인 Broderick(1992)은 결혼이 내포하고 있는 중요한 의미와 특징을 다음과 같이 제시한다.

- 결혼은 인구학적 사건이며 하나의 사회적 단위를 만들어 낸다.
- 결혼은 두 가족과 사회관계망의 결합이다.
- 결혼은 부부와 국가 간의 법적 계약이다.
- 결혼은 경제적 결합으로서 부부는 하나의 재정적 단위가 된다.
- 결혼은 가장 보편적인 성인의 동거 형태이다.
- 결혼은 대부분의 인간의 성적 활동 환경이다.
- 결혼은 노동력 재생산의 단위이다.
- 결혼은 자녀를 사회화시키는 단위이다.
- 결혼은 친밀하고 공유하는 관계를 발전시키는 기회이다.

첫째, 결혼은 법률적 계약이다. 일정한 법률적 조건을 충족해야 하며,

결혼 이후에는 법률이 정한 권리와 의무를 가지게 된다. 둘째, 결혼은 경제적 측면을 공유하는 것으로, 경제적 책임은 결혼의 법적 계약 요소 중 가장 중요한 요인 중 하나이다. 셋째, 결혼은 상호 간에 친밀한 관계를 발전시켜 나가는 기회로, 서로에 대한 신뢰, 사랑, 정직, 존중에 대한 약속이기도 하다. 넷째, 결혼은 부부 상호 간에 성적 소유를 선언하는 것으로, 이를 통해 두 사람은 합법적으로 성적 욕구를 충족시킬 수 있으며, 자녀 출산을 통해 새로운 사회적 단위를 형성하여 사회의 존속을 가능하게 한다. 즉, 결혼은 두 남녀의 신체적·정신적·사회적 결합을 의미한다.

▣ 법으로 약속된 결혼의 의미

한국에서 법적으로 결혼이 갖는 의미를 정리하면 다음과 같다(민법, 대한법률구조공단 참조). 우선 민법 제779조(가족의 범위)에 의하면 결혼을 통해 배우자와 가족이 되며, 상대 배우자의 사촌 이내의 혈족과 혈족의 배우자 사이에 친척관계가 형성된다(제769조, 제777조, 제779조).

제779조(가족의 범위) ① 다음의 자는 가족으로 한다.
1. 배우자, 직계혈족 및 형제자매
2. (생계를 같이하는 경우) 직계혈족의 배우자, 배우자의 직계혈족 및 배우자의 형제자매

제769조(인척의 계원) 혈족의 배우자, 배우자의 혈족, 배우자의 혈족의 배우자를 인척으로 한다.

제777조(친족의 범위) 친족관계로 인한 법률상 효력은 이 법 또는 다른 법률에 특별한 규정이 없는 한 다음 각호에 해당하는 자에 미친다.
1. 8촌 이내의 혈족
2. 4촌 이내의 인척
3. 배우자

3) 결혼의 최근 경향

- 최근 급격한 사회변화로 인해 결혼에서도 많은 변화가 나타났다.
- 일정한 나이가 되면 하나의 통과의례로 당연시되던 결혼은 점차 인생의 여러 목표 중 하나로 인식되고 있다.
- 인생에 단 한 번뿐이라는 생각에서 여러 번 할 수도 있다는 생각으로 변화하고 있다.
- 가치관의 변화는 혼인 건수, 초혼 연령, 결혼 형태 및 외국인과의 결혼 현황에 반영되고 있다.

2. 결혼의 진화

과거 당연시 여겼던 결혼에 대해 최근 다양한 생각을 갖게 된다.
결혼의 본질과 의미에 대한 반문…

인류는 종족을 보존하고 부와 권력, 노동력을 확보하기 위해 결혼 제도를 만들고 오래 유지해왔다. 최초의 결혼은 자기 집단의 경계를 넘어서서 협력과 유대의 네트워크를 형성하고 사람과 자원을 순환시키는 수단으로 기능했다고 알려진다. 대부분의 사회에서 결혼은 경제적·정치적으로 중요한 의미와 기능을 지닌 제도로 자리 잡았고, 그렇기 때문에 결혼에 정작 결혼 당사자 두 사람의 선택은 의미가 없었다. 결혼 대상이나 이후 부모가 될 것인지 말 것인지에 대한 선택권도 아예 없었다. 그러다가 사랑을 연결한 낭만적 가치관의 결혼이 보편화된 건 18세기 중반 이후부터다.

마찬가지로 흔히 전통적 결혼 형태로 이해되는, 이성애자 성인 두 사람이 자발적 의사를 통해 일정한 의례 이후 법적 부부가 되어 한 사람은 생계를, 다른 한 사람은 가정 내에서 경제적 생산 외 노동을 맡는 형태의 결혼도 역사가 그리 길지 않다. 그와 같은 결혼은 인류 역사에서 비교적 최근이라고 할 수 있는 시기 즉, 자본주의가 등장한 시기부터 발달하기 시작한 무척 새로운 것이었다.

전문가들이 결혼 혁명이라고 명명하는 이 변화는 1950년대에 절정을 이룬다. 자본주의 도래 이후 최초로 서유럽과 북아메리카 인구의 95%가 결혼하며 광범위한 다수가 결혼생활을 이어갔다. 그러다가 1960년대 피임약 개발, 1970년대 초까지의 반전운동을 비롯한 사회운동, 여성의 사회 진출 등 다각도로 일어난 변화가 결혼을 비롯한 개인 관계에까지 영향을 미치게 된다.

결혼은 시대와 사회에 따라 그 의미와 규범이 달라졌고 지금도 변화를 겪고 있다. 역사가 300년이 채 되지 않은 개인화된 결혼은 최근 혼인율 감소와 이혼율 증가로 또 한 번의 변화를 예고하고 있다. 앞으로 인생에서 단 한 번만 결혼하는 일은 없을 거라는 전문가들의 예측이 이미 현실화되고 있다. 새로운 형태로 진화하는 결혼과 가족, 결혼과 가족의 의미는 향후 얼마든지 달라질 수 있다. 틀에 박힌 국가 제도와 종교의 영향으로서의 결혼에서 벗어나 개인의 욕구를 충족시키려는 시도를 우리는 역사 속에서도 어렵지 않게 찾아볼 수 있다.

특히 예술인들의 결혼과 사생활은 단순한 스캔들이 아닌 결혼의 본질과 의미를 반문하기에 적절한 예시가 된다.

〈50년의 계약 결혼을 유지한 시몬 드 보부아르와 사르트르〉

1929년 계약 결혼을 한 20세기 최고의 지성이자 작가인 두 사람은 서로가 서로에게 영감의 원천이 되었다. "여성은 태어나는 것이 아니라 만들어지는 것"이라 했던 보부아르와 "인간은 창조된 것이 아니라 세상에 던져진 존재로서 극단적 자유가 가능하다"라고 한 사르트르의 만남은 여러모로 특별했다. 그들이 상호 합의한 결혼 계약의 주요 내용은 1) 서로 사랑하는 동시에 우연히 찾아온 서로의 다른 사랑도 인정한다. 2) 거짓말을 하지 않는다. 3) 경제적으로 서로 독립한다 등이었다. 다른 사람을 사랑하기도 하고, 또 여러 이유로 관계에 잡음이 없진 않았으나 결과적으로 이 계약은 사르트르가 숨질 때까지 50년 동안 갱신, 유지되었다. 1920년대 프랑스 사회에서 이 계약 결혼은 쉽게 이해받지 못했다. 한국 정서 안에서는 지금도 어려울 것이다.

〈루 살로메, 파울 레, 그리고 니체. 세 사람의 동거〉

둘로 충분치 않다면 셋은 어떤가. 루 살로메(Lou Andreas-Salome, 1861~1937)와 파울 레(Paul Ree, 1849~1901), 프리드리히 니체(Friedrich Wilhelm Nietzsche, 1844~1900)의 특별한 동거는 루의 제안으로 시작되었다. 독일 페미니즘의 대모인 말비다 폰 마이젠부르크(Malwida von Meysenburg, 1816~1903)의 소개로 만나게 된 파울 레가 루에게 다시 니체를 소개하면서 세 사람의 운명이 묶인다.

파울 레와 니체는 루를 열렬히 사랑했고, 루는 완벽하게 자유로운 사랑, 정신적인 합일을 이루는 관계를 두 사람에게 요구했다. 둘은 이를 (아마도 어쩔 수 없이) 수긍했다. 1882년의 일이었다.

세 사람의 관계를 이야기할 때면 빠지지 않고 등장하는 그 유명한 사진 촬영이 바로 루의 요구에 두 사람이 응하면서 이루어진 셋의 동거에 대한 상징적 의식이었던 셈이다. 사진 속 수레 위에 앉아 있는 루의 손에는 채찍이 들려 있고, 두 남자는 수레를 끄는 듯 앞쪽에 서 있는 모습이 셋의 관계를 잘 보여준다. 니체가 루에게 두 번 청혼하면서 셋의 관계는 변질되고 말지만 세 사람의 관계는 헤어진 후에도 서로에게 오래 영향을 미쳤다. 니체는 루 살로메가 없었다면 『차라투스트라는 이렇게 말했다』를 쓸 수 없었을 거라고 언급한 바 있다.

루 살로메는 얼마 후 안드레아스라는 남성과 "일체의 구속을 거부하며 다른 남자와의 자유연애를 허락한다."라는 조건을 걸고 결혼했고, 36세에는 당시 무명 시인이었던 릴케를 만났다. 1911년 50대에 접어든 루와 지그문트 프로이트의 만남은 정신적 교제와 동반자적 관계로 평생에 걸쳐 이어졌다. 루와 그들의 관계는 서로에게 정신적 도약을 위한 창조적 에너지를 제공하며 우리가 반색할 저작과 연구 성과를 무수히 남겼다.

형식뿐 아니라 횟수의 변화에도 주목!!

당시 사회 인식과 전통 결혼의 틀을 깨며 논란이 되었던 앞선 관계 형식은 현재에 와서는 여성의 사회적 지위와 가정 내 역할에 대한 문제의식으로 연결되었다. 자유로운 관계가 가능해지기 위해서는 여성에게만 보수적으로 적용되는 관계의 잣대와 성(性), 가부장제, 낙태권 등이 문제가 되기 때문이다. 가족을 이루는 결합과 부부의 조건에서 법적 결혼만이 정답이던 시대는 과거가 되고 있다. 결혼 후 가족 안에서 여성의 지위나 역할도 달라지고 있으며 생활방식의 다양화, 젊은 세대의 개인화 덕분에 동거에 대한 태도 역시 변화하고 있다. 이 모든 건 자연스러운 흐름이다.

미래학자들은 지금껏 맺어온 인류의 관계를 다 합친 것보다 더 다양한 관계를 미래의 인류는 맺게 될 거라고 예견한다. 그 다양성은 갑자기 생긴 게 아니라, 제도와 통념의 억압으로 감추고 있다가 어떤 변화 속에 드러나기 시작한 것이다. 가령, 최근 스웨덴에서는 해마다 동거 커플이 낳는 아이 수가 법적 부부가 낳는 아이 수를 웃돈다. 조사에 의하면, 현 한국의 20~30대의 60%가 동거에 찬성한다고 하니 이 사회 역시 결혼과 같은 대표적인 관계들이 어떤 변화 속에 있는 건 분명하다.

결혼 형식뿐 아니라 결혼 횟수에도 변화는 필연적이다. 영국의 1850년생 여성이 남편 사망 시까지 유지하는 평균 결혼 생활은 29년이던 것이 1950년생 여성일 경우에는 무려 45년으로 늘었다. 평균 수명이 늘어나고 이제는 100세 시대를 넘어 120~130세를 산다고 할 때 평생 한 사람과 살아가야 한다는 약속이 전제되는 전통적 개념의 결혼은 맞지 않는다.

다양한 관계가 공존하고 보호받는 사회

그렇다고 전통적 개념의 결혼이 완전히 사라질 것 같진 않다는 게 또한 전문가 다수의 의견이다. 사회마다 결혼의 의미가 다르고 그 필요성과 기능도 다르지만 결혼은 앞으로도 중요한 제도로 남을 것이라고, 다만 그 결혼과는 다른 형식의, 대안이 될 수 있는 관계들의 공존이 중요하며, 다른 선택의 여지를 갖게 된다는 게 더 중요하다. 지금까지 정상적이고 유일한 형태라고 여겨온, 이성애 규범성과 성 역할에 기초한 가족 구성 형태가 여러 가지 결혼 방식 중 하나가 되는 것이다.

이러한 변화 속에서야말로 결혼의 본질이 무엇인가 다시 고민해 보기 적절하다. 형식에만 치중하는 이들은 전통 개념의 결혼만을 고집하겠지만 결혼의 목적이자 역할이 무엇이어야 하는지, 어떤 형태의 동반자든 궁극적으로 둘 사이에서 가장 중요한 게 무엇인지 고민하고 상호 합의해 삶의 의미를 가꾸는 방향으로 관계한다면 흔히 우려하듯 결혼은 파괴되고 있는 게 아니라 진화하고 있다고 봐야 할 것이다. 동행하는 삶의 가치와 의미를 되찾기 위해 무엇이 달라져야 할지 이야기하고 공유하면서, 그렇게 서서히 일어나는 인식의 변화가 제도의 보완과 「생활 동반자 관계에 관한 법률」*같은 법적 보호로 이어진다면 저출산과 독거노인의 고독사와 같은 사회적 문제부터 예술인의 관계적 상상력의 확장까지 출구를 만날 수 있을지 모른다. 아무튼, 지금 우리에게는 더 많은 관계가 필요하다.

*「생활 동반자 관계에 관한 법률」
혈연이나 혼인 외의 사유로 발생하는 생활 동반자 관계의 성립과 효력을 규정하는 법률. 의료보험, 주택자금 등 사회보장과 세제 혜택, 보호자의 권리 등을 부여한다.

출처: vol.29 예술人-사색

3. 한국의 결혼 실태

1) 혼인률 감소 및 원인

통계청이 발표한 2022년 혼인・이혼통계에 따르면, 2022년 혼인 건수는 19만 1,700건으로 전년보다 800건 감소했다. 인구 1,000명당 혼인 건수를 의미하는 조혼인율 역시 전년보다 0.1건 감소한 3.7건이다.

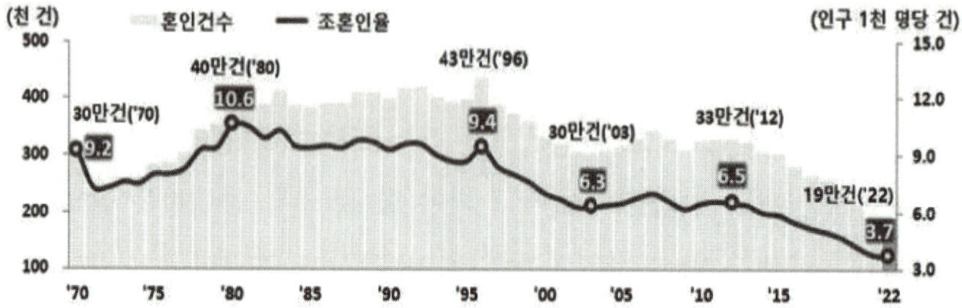

출처: 통계청 2022년 혼인·이혼통계 보도자료(https://kostat.go.kr/board.es?mid=a10301010000&bid=204&list_no=424356&act=view&mainXml=Y)

한국리서치 정기조사 여론 속의 여론(hrcopinion.co.kr)

[그림 4-1] 혼인 건수 및 조혼인율 감소

작년 대비 하락폭은 줄었으나 여전히 하락세를 유지하고 있다. 혼인 건수와 조혼인율 모두 통계작성을 시작한 1970년 이후 최저치를 경신했다. 2011년 이후 혼인 건수는 감소세로 돌아서, 지난해까지 감소 추이를 유지하고 있는 상황이다. 2022년 혼인 건수는 19만 1700건, 조혼인율 3.7건 모두 통계작성을 시작한 1970년 이후 최저치를 기록하고 있다.

혼인 건수 감소 이유, 결혼 비용 증가와 자녀 양육·출산에 대한 심리적 부담 때문으로 인식

혼인 건수 감소 이유로는, 주택 마련 등 결혼 비용 증가를 꼽은 응답이 가장 높다(1순위 23%, 1+2+3순위 55%). 자녀 출산 및 양육에 대한 심리적 부담감(1순위 14%, 1+2+3순위 49%)도 절반에 달한다. 결혼은 선택이라는 인식 확산(1순위 10%, 1+2+3순위 32%), 경제적 독립이 늦어짐(1순위 12%, 1+2+3순위 29%)을 주요 이유로 답한 응답도 적지 않다. 혼인 감소에 영향을 미치는 요인은 다양하지만, 결혼은 현실이라는 말처럼 결혼 비용과 자녀 출산 같은 현실적인 문제가 주요 원인으로 작용하고 있다.

한편, 18~29세에서는 남녀 갈등 심화가 혼인 건수 감소 이유라는 응답이 24%(1+2+3순위)로 다른 연령대에 비해 상대적으로 높다. 18~29세는 결혼을 앞둔 세대인데, 이러한 남녀 갈등 심화 인식이 혼인 감소 요인으로 작용할 우려가 있다. 60세 이상의 고령층은 18~29세에 비해 자녀 출산/양육에 대한 심리적 부담감(54%), 경제적 독립이 늦거나(36%) 사회적 성공을 중시하는 분위기(23%)로 인해 혼인 건수가 감소한 것이라는 인식이 높다. 어렵게 성취한 경제적 독립 상황에서 출산·양육은 개인에게 큰 부담이 될 수 있으며, 우리 사회는 사회적인 성공을 중요하게 여기기 때문에 혼인이 우선순위에서 밀린다는 인식이다.

혼인건수 감소 이유, 결혼비용 증가와 자녀 양육·출산에 대한 심리적 부담 때문으로 인식
18-29 · 30대 5명 중 1명은 남녀 간 갈등 심화를 혼인건수 감소 이유로 답해

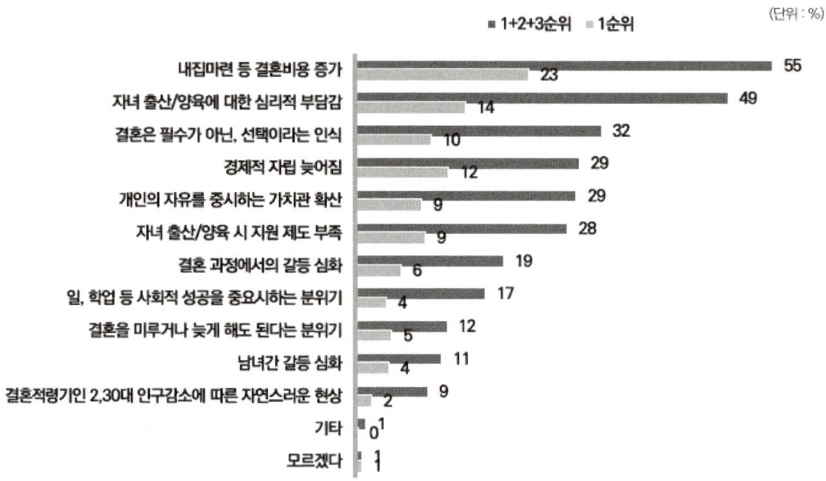

	사례 수 (명)	내집 마련 등 결혼 비용 증가	자녀 출산/양육에 대한 심리적 부담감	결혼은 필수가 아닌, 선택이라는 인식	경제적 자립 늦어짐	개인의 자유를 중시하는 가치관 확산	자녀 출산/양육 시 지원 제도 부족	결혼 과정에서의 갈등 심화(결혼 비용 부담, 배우자 가족과의 관계 등)	일, 학업 등 사회적 성공을 중요시하는 분위기	결혼을 미루거나 늦게 해도 된다는 분위기	남녀 간 갈등 심화	결혼적령기인 2,30대 인구감소에 따른 자연스러운 현상	기타	모르겠다
전체	(1,000)	55	49	32	29	29	28	19	17	12	11	9	1	1
성별														
남자	(496)	58	51	31	31	23	29	17	15	14	11	10	2	1
여자	(504)	52	47	34	27	35	26	22	19	10	11	9	1	1
연령														
18-29세	(166)	63	40	28	17	30	30	22	11	8	24	12	4	1
30대	(151)	57	44	28	27	20	34	25	17	10	21	10	2	0
40대	(181)	57	47	35	30	26	36	20	13	11	10	9	0	1
50대	(194)	50	54	38	31	33	25	14	17	12	8	8	0	1
60세 이상	(308)	50	54	32	36	32	21	18	23	15	3	9	1	1

질문: 혼인건수가 줄어드는 이유는 무엇이라고 생각하십니까? 순서대로 최대 3개까지 선택해 주세요

비고: 복수응답(최대 3개까지 선택)

응답자 수: 1,000명

조사기간: 2023. 05. 26. ~ 30.

한국리서치 정기조사 여론 속의 여론(hrcopinion.co.kr)

[그림 4-2] 혼인 건수 감소 이유

미혼 남녀 '향후 결혼 의향 있다' 52%, '없다' 37%
미혼 여성은 49%가 '향후 결혼 의향 없다'

미혼 응답자 중 52%는 앞으로 결혼할 의향이 있다고 답했다. 결혼 의향은 2021년 5월 조사 시작 이후 절반 수준을 유지하며 점차 증가하고 있다. 그러나 이번 조사에서는 결혼할 생각이 없다는 응답이 이전 조사에 비해 7%포인트 증가했다. 결혼 의향이 없다는 응답(37%)과 아직 결정하지 못한 응답(모름 10%)을 합치면 47%로, 거의 절반에 이른다. 혼인 감소를 심각한 문제로 인식하는 상황에서 이들의 추세 변화를 지속적으로 주시할 필요가 있다. 전체적으로는 결혼 의향이 있다는 응답이 더 많지만, 여성(49%)과 40세 이상(57%) 응답자의 절반 정도는 결혼할 생각이 없다고 답했다.

이혼하거나 배우자를 잃은 남녀의 재혼 의향은 13%로, 2021년 5월 조사(20%)에 비해 7%포인트 감소했다. 재혼 의향이 없다는 응답이 75%로 매우 높았다(모르겠다 12%). 특히 이혼 또는 사별한 여성 중 82%는 현재 재혼할 생각이 없다고 답했다. 혼인 감소 문제를 지적하는 상황에서 미혼 남녀뿐만 아니라 재혼 대상자의 결혼 의향 역시 중요한 사안이다.

미혼 남녀의 향후 결혼 의향
있다 52%, 없다 37%

(단위 : %)

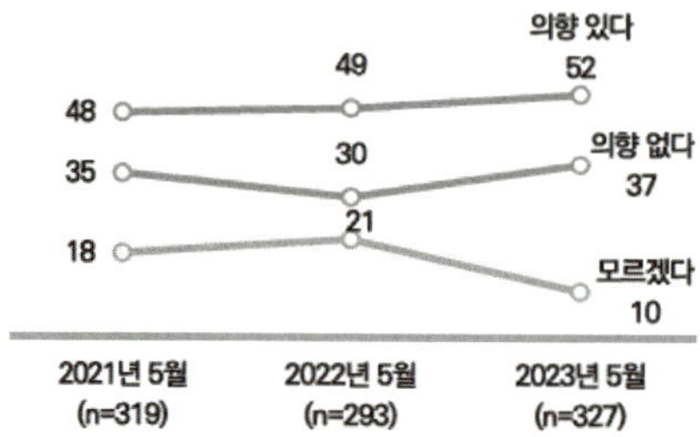

23년 5월 (미혼)	사례수 (명)	의향 있다 (매우+그런 편)	의향 없다 (전혀+그렇지 않은 편)	모르겠다	계
전체	(327)	52	37	10	100
성별					
남자	(184)	62	29	9	100
여자	(142)	40	49	12	100
연령					
18-29세	(160)	59	30	11	100
30대	(82)	55	31	14	100
40세 이상	(85)	37	57	6	100

질문: 앞으로 결혼을 할 생각이 있으십니까?
응답자 수: 그래프 참고
비고: 의향 있다(매우 그렇다+그런 편이다), 의향 없다(전혀 그렇지 않다+그렇지 않은 편이다) 응답 제시
조사기간: 2021. 05. 21. ~ 24. // 2022. 05. 20. ~ 23. // 2023. 05. 26. ~ 30.

이혼·사별 남녀의 새혼(재혼) 의향
있다 13%, 없다 75%

(단위 : %)

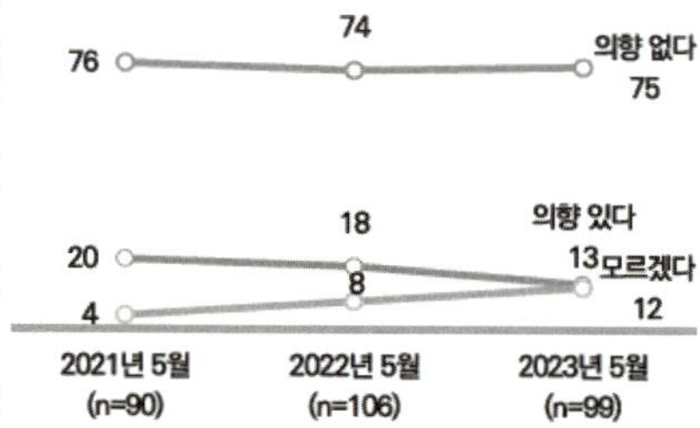

23년 5월 (사별·이혼)	사례수 (명)	의향 있다 (매우+그런 편)	의향 없다 (전혀+그렇지 않은 편)	모르겠다	계
전체	(99)	13	75	12	100
성별					
남자	(26)	-	-	-	-
여자	(73)	7	82	11	100
연령					
59세 이하	(49)	16	71	13	100
60세 이상	(50)	9	80	11	100

질문: 앞으로 재혼을 할 생각이 있으십니까?
응답자 수: 그래프 참고
비고: 의향 있다(매우 그렇다+그런 편이다), 의향 없다(전혀 그렇지 않다+그렇지 않은 편이다) 응답 제시
남자는 응답 사례수가 적어 결과를 표기하지 않음
조사기간: 2021. 05. 21. ~ 24. // 2022. 05. 20. ~ 23. // 2023. 05. 26. ~ 30.

한국리서치 정기조사 여론 속의 여론(hrcopinion.co.kr)

[그림 4-3] 혼인 감소 문제 상황에서 미혼 및 재혼 대상자 결혼 의향 조사

결혼을 통한 가족 형성과 정서적인 안정감을 기대하고 있어

결혼이나 재혼 의향이 있는 사람들에게 결혼을 통해 기대하는 바를 물었다. 첫째로 '정서적 안정감(72%)'이 가장 높았고, 다음으로 '가족 형성(70%)'이 뒤를 이었다. 영원한 내 편이 있다는 안정감을 가장 기대하는

것이다. 그다음으로 '정신적 성숙(39%)', '안정된 노후(25%)', '성적 만족(16%)', '인간관계 확대(12%)', '경제적 자립(11%)' 순으로 나타났다. 30대 이하는 '가족 형성'과 '정신적 성숙'을, 40세 이상은 비교적 노년기에 가까운 세대이므로 '안정된 노후'를 기대한다는 응답이 과반을 차지했다.

결혼을 통한 가족 형성과 정서적인 안정감을 기대하고 있어

(단위 : %)

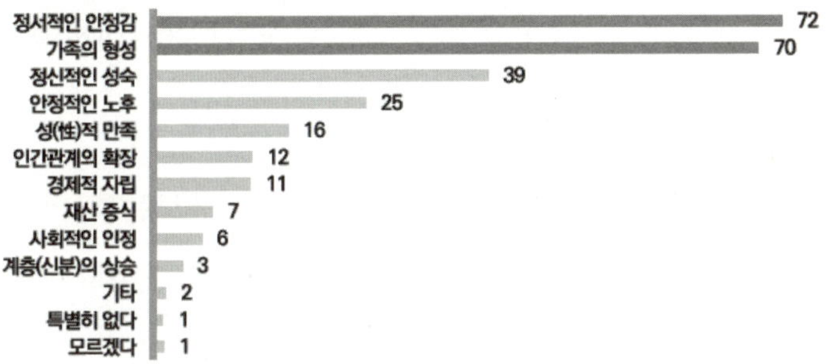

30대 이하는 가족 형성을, 40세 이상은 안정적인 노후를 기대

결혼 혹은 재혼 의향 있음	사례수 (명)	정서적 안정감	가족의 형성	정신적 성숙	안정적 노후	성(性)적 만족	인간관계 확장	경제적 자립	재산 증식	사회적 인정	계층 (신분) 상승	기타	특별히 없다	모르겠다
전체	(183)	72	70	39	25	16	12	11	7	6	3	2	1	1
성별														
남자	(121)	67	69	42	22	21	16	13	2	5	4	1	1	1
여자	(62)	83	72	33	30	5	3	7	17	7	3	2	2	2
연령														
18-29세	(95)	69	74	40	21	13	11	17	8	4	3	1	0	3
30대	(45)	78	74	46	13	17	5	5	10	9	5	0	3	0
40세 이상	(43)	76	58	29	44	20	19	7	2	7	2	4	2	0

질문: 결혼을 통해 기대하는 점이 있다면 무엇인가요? 최대 3개까지 선택해 주세요.
비고: 복수응답(최대 3개까지 선택)
응답자 수: 결혼 혹은 재혼 의향 있는 183명
조사기간: 2023. 05. 26. ~ 30.

한국리서치 정기조사 여론 속의 여론(hrcopinion.co.kr)

[그림 4-4] 결혼 및 재혼 의향이 있는 사람들 대상 결혼을 통해 기대하는 것 조사

결혼한다면, 적절한 나이는?
결혼 적령기로 생각하는 나이, 남자는 평균 32.7세, 여자는 평균 30.3세

결혼하기에 적절한 나이를 남녀로 나누어 물어본 결과, 사람들이 답한 나이의 평균은 남성 32.7세, 여성 30.3세였다. 이는 통계청이 발표한 2022년 평균 초혼 연령(남성 33.7세, 여성 31.3세)보다 약 1세 정도 더 이른 나이에 결혼하는 것이 적절하다는 인식을 반영한다. 2021년 5월(남성 32.5세, 여성 30.2세), 2022년 5월 조사(남성 32.5세, 여성 30.1세)와 비교해도 큰 차이 없이 비슷한 결과를 보였다.

사람들이 생각하는 이상적인 결혼 시점보다 실제로는 남녀 모두 약 1년 정도 늦게 결혼하고 있다. 연령대별로 살펴보면, 40대까지는 결혼 적령기와 실제 평균 초혼 연령 간의 차이가 크지 않다. 그러나 50대 이상부터는 이상적으로 생각하는 결혼 적령기와 실제 초혼 연령 간 차이가 1세 이상 벌어지며, 실제보다 더 어린 나이에 결혼하는 것이 적절하다는 인식이 있다.

남성의 결혼 적령기로는 30대 초반(30-33세)을 꼽은 응답이 49%로 절반을 차지하고, 30대 중반(34-36세)이 32%로 뒤를 이었다. 여성의 결혼 적령기도 30대 초반을 꼽은 응답이 49%로 남성과 동일하며, 그 다음으로 20대 후반(27-29세)이 24%로 뒤를 이었다. 남녀 모두 30대 초반이 결혼 적령기라고 인식하고 있으며, 후순위를 보면 남성이 여성보다 결혼 적령기를 더 높게 보고 있다.

남성이 생각하는 남녀 결혼 적령기(남성 31.8세, 여성 29.1세)는 여성이 생각하는 남녀 결혼 적령기(남성 33.5세, 여성 31.5세)보다 약 2년

빠르다. 남성은 여성보다 결혼에 대해 긍정적일 뿐만 아니라, 더 이른 나이에 결혼하는 것이 좋다고 생각하고 있다.

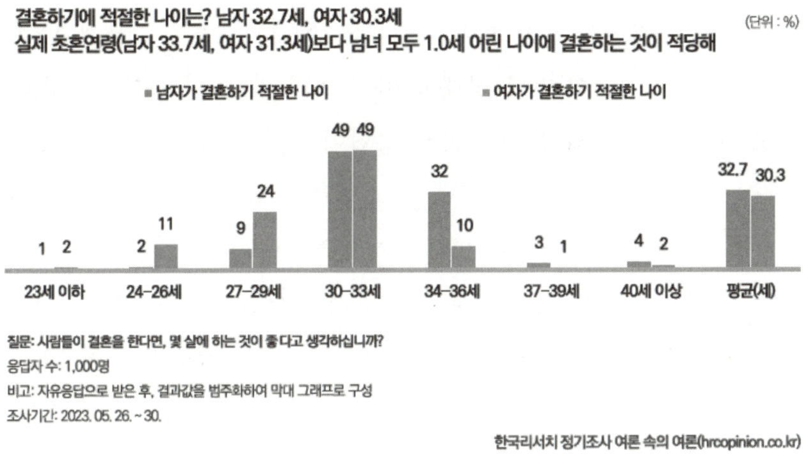

[그림 4-5] 결혼하기에 적절한 나이에 대한 인식 조사

결혼하지 않은 이유

결혼을 하지 않은 가장 주된 이유는? 경제적으로 여유가 없어서, 50%

미혼 응답자에게 결혼하지 않은 이유를 물었을 때, '경제적으로 여유가 없어서(50%)'라는 응답이 3년 연속 가장 많았다. 앞서 혼인 건수가 감소하는 주요 원인으로 내 집 마련 등 결혼 비용 증가(1+2+3순위, 55%)를 꼽은 것처럼 결혼에서 경제적 여건이 매우 중요한 요소로 작용하고 있음을 확인할 수 있다. '적당한 상대를 아직 만나지 못해서(38%)', '결혼할 필요성을 느끼지 못해서(30%)'라는 응답이 뒤를 이었다.

남성은 '경제적으로 여유가 없어서'가 주된 이유로 나타난 반면, 여성은 '결혼할 필요성을 느끼지 못해서(43%)'라는 응답이 가장 높았다. 앞서 여성들은 결혼에 대해 해도 되고, 하지 않아도 되는 선택적 영역(56%)이라고 답했다. 결혼은 선택이기에 필요를 느끼지 않는 이상 할 필요가 없다는 인식으로 이어진다.

모든 연령대에서 '경제적으로 여유가 없어서', '적당한 상대를 아직 만나지 못해서' 결혼하지 않았다는 인식이 주를 이루는 가운데, 18~29세는 '결혼하기에 아직 젊어서(37%)', '일 또는 학업에 열중하고 싶어서(22%)' 결혼하지 않았다는 결과가 상위 5위 안에 들었다. 30대 이상에서는 '결혼해 살고 있는 주변 사람들의 삶이 좋아 보이지 않아서', '결혼하면 불행해질 것 같아서' 같은 응답이 5위 안에 포함되었다. 연령에 따라 결혼하지 않은 이유에 일부 차이가 있는 것이다.

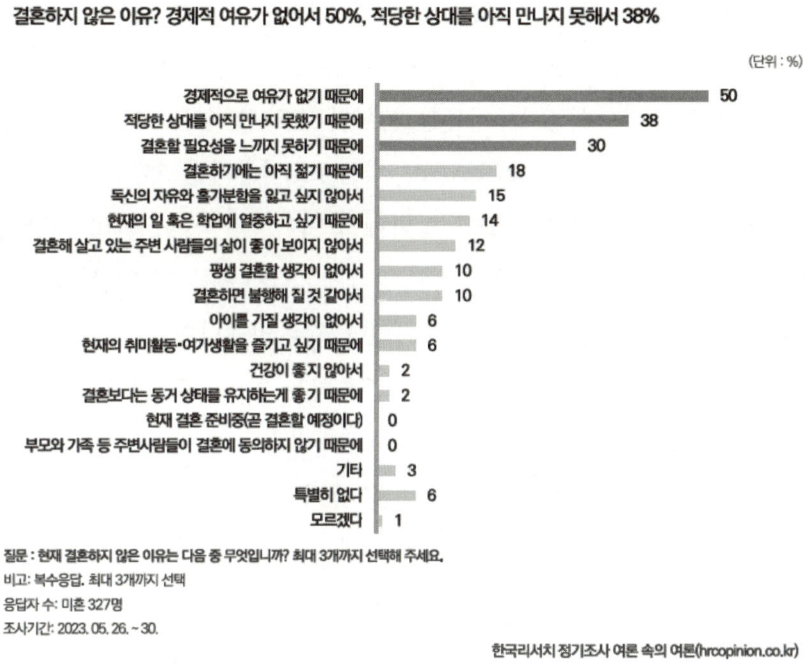

[그림 4-6] 결혼하지 않는 이유 조사

2) 비혼과 동거

▣ 연애는 필수, 결혼은 선택! 결혼식 말고 비혼식!

최근 밀레니얼 세대 사이에서 경제적 및 사회적 이유로 결혼 대신 자발적 비혼을 선택하는 사례가 증가하고 있다. 비혼이 늘어나면서 비혼족 사이에서는 가족과 지인을 초대해 자신의 비혼 의사를 알리는 비혼식이 유행하고 있다. 즉, 자발적으로 결혼을 선택하지 않고 싱글웨딩을 하는 것이다. 이러한 싱글웨딩은 결혼하지 않겠다는 의사를 공식적으로 선언하는 의미를 담고 있다. 롯데멤버스 리서치 플랫폼 라임(2020)에 따르면 비혼식에 대한 긍정적인 응답은 20대가 83.9%로 가장 높았고, 30~35세가 76.4%, 35세 이상이 75.9%로 나타났다.

또한 비혼식 의향이 있는 이유를 분석한 결과, 남성은 '결혼 압박에서 벗어나기'가 52.1%로 가장 높았고, 다음으로 '즐거운 추억 만들기'가 25.4%로 나타났다. 여성은 '결혼 압박에서 벗어나기'가 38.7%로 가장 높았으며, 그다음으로 '즐거운 추억 만들기'가 28.8%, '축의금 회수'가 21.6% 순으로 나타났다. 한편, 모기업에서는 밀레니얼 세대의 구성원 비중이 증가하면서 직원의 다양성을 존중하는 방안으로 비혼식을 열어주고 있다. 또한 직원이 원하는 방식으로 비혼식을 진행할 수 있도록 지원하며, 비혼식 후에는 10일의 비혼 휴가도 제공하고 있다.

출처: 엘페이 엘포인트(2020.3.5.). 기업 HR(2019.7.12.).

▣ 동거

국내 유명 결혼정보회사의 휴먼라이프연구소(2019)의 미혼 대상 혼인 및 이혼 인식 보고서에 따르면, 10년 후 가장 흔한 혼인 형태로 '사실혼(동거)'이 꼽혔으며, 44.4%가 이에 응답했다. 동거란 법적으로 혼인 관계를 맺지 않은 남녀가 함께 사는 것을 의미한다. 한국 사회에서는 법적 혼인 외에 동거에 대해 부정적인 시선이 있어 '동밍아웃(동거 커밍아웃)'에 소극적인 것이 사실이다. 그러나 통계청의 2022년 사회조사 결과에 따르면 동거에 대한 태도는 점차 허용적인 방향으로 변화하고 있다. 즉, '남녀가 결혼가지 않더라도 함께 살 수 있다'고 응답한 비율이 65.2%에 달했다. 이는 2019년 한국사회지표에서 발표한 2018년 동거 찬성에 대한 응답 비율 56.4%와 비교했을 때, 비혼 동거 찬성률이 4년 새 15%p 가까이 늘었다는 것을 알 수 있다.

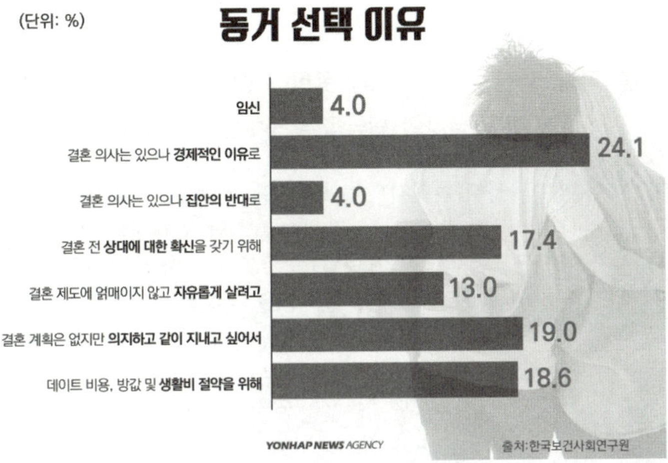

[그림4-7] 동거 선택이유

한편, 한국보건사회연구원(2022)의 조사 결과에 따르면 동거 경험자 4명 중 1명은 '결혼 의사는 있지만 경제적인 이유'(24.1%)로 동거를 선택했다고 응답했다. 그다음으로는 '결혼 계획은 없지만 의지하고 함께 지내고 싶어서'(19.0%)가 높았으며, '데이트 비용, 방값 등 생활비 절약을 위해'(18.6%), '결혼 전 상대에 대한 확신을 갖기 위해'(17.4%), '결혼제도에 얽매이지 않고 자유롭게 살려고'(13.0%) 등의 순으로 나타났다. 즉, 동거의 이유는 경제적 및 심리적 측면과 관련되며, 특히 자유로움 추구가 크게 작용하는 것을 알 수 있다.

결혼 기피, 출산율 하락, 보다 못한 지방자치단체 종교단체 등이 미혼 남녀의 만남을 주선하는 프로그램

'SOLO MON의 선택(수원시)', '너랑나랑 3삼5오 데이트(대구 달서구)', '두근두근 ing(경북 구미시)', '나는 김해솔로(경남 김해시)'. 일부 지방자치단체(이하 지자체)에서 미혼 남녀의 만남을 주선하는 사업들이다. 지자체가 직접 나서서 소개팅이나 소통·교류 모임 등을 추진하는 것이다.

뉴스영상보기

뉴스영상보기

수업운영 Tip	아래 활동(조사하기, 생각하기, 토론하기) 3가지 중 수업 시간, 환경, 학생들의 상황을 고려하여 1~2가지 선택하여 적용하기.

조사하기

국외(프랑스의 팍스, 스웨덴의 동거법, 네덜란드의 동반자 등록법, 영국의 시빌 파트너십 등)에서는 다양한 생활 공동체의 삶을 인정하고 이에 대한 법적 보호와 사회적 혜택을 부여하고 있습니다. 이에 대한 세부 내용을 조사하여 발표해 보세요.

- 프랑스의 팍스

- 스웨덴의 동거법

- 네덜란드의 동반자 등록법

- 영국의 시빌 파트너십

생각하기

당신이 결혼을 선택하는 이유, 혹은 선택하지 않는 이유는 무엇 인가요? 자유롭게 이야기해봐요.

토론
하기

대화를 통해 알아보는 2030 세대의 결혼관

결혼은 현실 … 경제·사회적 안정이 우선
이혼의 원인은 결혼이란 말이 있다. 그만큼 결혼은 시작부터 중요하다는 의미다. 최근 우리 사회 젊은이들의 결혼관은 큰 변화를 겪고 있다.
결혼의 의미와 가치는 경제적 이익, 실용성 등과 저울질 된다. 물질주의, 이기주의 등의 파고를 넘어서지 못하는 비뚤어진 결혼관은 가족에 대한 개념에까지 영향을 끼친다.

예) 다음은 20~30대 미혼남녀들에게 인터넷 메신저를 통해 결혼에 대해 솔직담백하게 주고받은 대화의 일부이다.

- 김 - 그래. 결혼은 현실이야. 사랑만 가지고 시작한다는 것은 무모한 도전이지. 애정도 필수겠지만 돈과 성격, 직업은 꼭 확인해야 할 조건이지. 내가 지금 회사에 취업한 것도 결혼 자금의 압박을 해결하기 위한 목적이 커.
- 이 - 곧 결혼을 앞두고 있는데 솔직히 맞벌이를 하면서 출산에서부터 육아, 교육 등을 병행해야 할 생각을 하면 앞으로 20년 이상은 고생문이 훤하겠다 싶어 한숨이 나와. 사회인프라가 빈약한 우리나라에서 여성에게는 결혼이 너무 손해인 것 같아서, 결혼해도 가급적 아이는 낳고 싶지 않아.
- 원 - 결혼이라는 것은 생명학적으로도 남성 여성의 자연스러운 결합을 의미하는 거잖아. 결혼을 통해 사회적으로 공인된 성생활을 하기 위해선 감수해야 할 것들도 당연히 있겠지.
- 원 - 평생 남남으로 살아가면서 나를 진심으로 생각해주는 사람을 얻을 수 없다면 불행하지 않을까. 결혼은 심리적 안정을 위해서도 최고의 방법 같아.
- 이 - 각자 종교가 달라도 피곤해. 연애할 때는 종교가 문제가 안됐는데, 막상 결혼하려니 상대방이 세례받는 걸 주저하더라고. 부모님 때문에 성당에서 결혼해야 하거든.
- 현 - 그래서 난 혼전동거는 필수라고 생각해. 평생 한 번 뿐인 결혼이라면 신중해야 하잖아.
- 김 - 미혼여성이 결혼할 경우 포기해야하는 총 기회비용이 1억4000만원을 넘어선다는 신문기사를 본적이 있어. 결혼을 꼭 손익관계로 따져선 안되겠지만 주변에서도 돈 없인 살기 어렵다는 말씀들을 많이 해.

◎ 한국 미혼남녀 '결혼 · 배우자 견해' 설문조사

절반 이상 "결혼 불필요"
최근 각종 결혼정보업체들이 앞다투어 내놓는 설문조사에 따르면 우리나라 미혼남녀들의 배우자 선택기준은 애정보다 능력과 장래성, 성격, 일에 대한 견해 등이 우선이라는 응답이 크게 늘었다. 특히 이러한 현상은 남녀 모두 고학력으로 갈수록 수치가 높다.

그렇다면, 여러분의 결혼관은? 자유롭게 이야기해보아요.

제5장 가족의 의미와 변화

수업목표

- 과거와 현대의 가족 의미를 비교하고 이해할 수 있다.
- 현대 가족 형태의 변화, 특히 이혼, 재혼, 졸혼 현상을 분석할 수 있다.
- 건강한 가정을 만들기 위한 실천 전략을 이해하고 적용할 수 있다.

주제어

가족의 의미, 이혼, 재혼, 졸혼

1. 과거와 현대 '가족'의 의미 비교

1) 과거의 가족

3대 이상이 함께 모여 살며 결혼한 자녀와 그들의 손자녀와 함께 생활하는 가정이다. 의식주를 공동으로 해결하고 정신적, 정서

적 유대 그리고 공동체적 생활방식을 갖는 집단이다. 전통적 개념에 의거하면 가족은 혼인, 혈연 및 입양으로 이뤄진 관계자들의 집단이다.

2) 현대의 가족

이혼가족, 무자녀 가족(딩크족), 조손가족, 재혼가족, 미혼모부자가족, 소년소녀가장가족, 다문화 가족 등 여러 가지 형태의 가정이 등장했다.

새로운 형태의 가족을 감싸 안을 수 있는 개념으로 변화했다. 현대시대는 남녀, 혼인, 공동 거주 등 전통적 개념의 가족 기준의 조건에 부합하지 않더라도 가정으로서의 기능을 수행한다면 가정으로 인정한다는 열린 개념으로 변화했다. 상호간 물질적이고 정서적인 지지를 기대하는 두 사람 이상의 사람들의 구성으로 삶의 유형과 관계없이 상호 책임감 그리고 친밀감 등의 돌봄이 근간을 전달하는 집합체로 정의한다.

2. 가족의 변화

오늘날 가족의 형태는 다양하게 변화되어서 한부모가족, 혼합가족, 1인 가족, 위탁가족, 다문화 가족, 동성애 가족 등으로 다양한 가족 형태가 되었다.

1) 가족의 형태

현대사회의 가족 변화 요인은 사회문화적 환경, 산업화, 도시화 등 다양한 요인들을 들 수 있지만 많은 학자들은 산업화, 도시화의 영향력에 큰 비중을 두고 있다. 사실 산업화 이후 급속한 변화를 가져온 것은 부인할 수 없다. 그러나 이러한 주장을 반박하기도 하는데, 비교문화적 연구와 가족사적 연구에서는 현재의 가족 유형이 과거 가족 유형의 연속이라는 점을 지적하면서 산업화가 가족 변화의 분기점이라고 한 것에 합의하지 않기도 한다.

2) 현대 가족의 동향

현대의 가족은 핵화 현상 또는 개인주의화라고 할 수 있으며 첫째, 전통적 가족관과의 단절이란 의식이 확산되고 있다. 둘째, 아버지의 가장으로서의 권위, 남자로서의 권위가 낮아짐에 따라 부부관계와 친자관계가 대등화 되고 있다. 셋째, 가족의 보호 기능, 부양 기능이 약화 되어 가고 있다. 넷째, 부부가족이 일반화되고 있다. 다섯째, 가족 규모가 축소되고 있다. 여섯째, 가족 주기상의 변화가 현저하게 일어나고 있다. 일곱째, 기혼여성의 사회활동 참여가 늘어나고 있다. 여덟째, 이혼율이 차츰 증가하고 있다. 아홉째, 다양한 가족 생활양식을 바탕으로 하는 다양한 가족 유형이 증가하고 있다.

3) 가족 변화의 쟁점

가족 변화의 쟁점에는 가족 위기론과 가족 진보론이 있다.

- 가족 위기론 – 가족이 가지고 있는 위기는 단순한 표면적 변화를 의미하는 것이 아니라 근본적인 구조 및 기능상의 쇠퇴와 그에 따른 삶의 방식에 있어서의 혼란과 갈등을 의미하는 것으로 보고 있으며 가족 위기론자들은 전형적 가족을 강조하려는 경향이 강하고 정상 가족에 대한 신화를 바탕으로 하면서, 남성=생계부양, 여성=가족 보호라는 성별 역할분업을 여전히 주장하고 있다.

- 가족 진보론 – 가족 변화를 위기보다는 당연하고 자연스러운 변화로 수용하면서 다양한 가족 유형을 인정하는 가족 진보론의 입장에서는 현대사회의 가족은 민주적이고 평등한 가치를 중시하는 전체 사회의 변화 속에서 점차 전통적 가족의 위계를 거부하고 민주적인 가족관계를 형성시키고자 하는 의지들을 성숙시켜 나가고 있다. 가족 진보론자들은 이상적 가족 형태로서 갖는 정상 가족 이데올로기 신화에 대하여 전면적으로 반박하며 실제 역사적으로도 볼 때 정상적이고 이상적인 가족에 대한 집착은 단지 신념으로만 존재했을 뿐 가족은 늘 다양한 방식의 문제와 이를 해결해 나가는 과정의 연속선상에 놓여 왔다고 주장하고 있다.

현대사회의 가족의 변화는 전통적 가정에서 핵가족화로 변화하면서 이혼가족, 무자녀 가족, 재혼가족, 미혼모부자가족, 소년소녀가장가족, 다문화 가족 등 여러 가지 형태의 가족으로 등장하였고, 저출산과 고령화 사회로 문제가 되고 있다. 그럼에도 불구하고 가족은 민주적이고 평등한 가치를 중시하는 전체 사회의 변화 속에서 점차 전통적 가족의 위계를 거부하고 민주적인 가족관계를 형성시키고자 하는 의지들을 성숙시켜 나가야 할 것이다.

출처: 김진이 외 (2020) 「가족복지」

3. 건강한 가정의 구성요소

건강한 가정을 형성하는 요소에는 가정 구성원 간의 애정과 존경, 의사소통의 원활함, 경제적 안정, 정서적 지지, 건강한 생활습관 및 환경 등 여러 가지가 있다. 이러한 요소들은 가정의 건강과 행복에 있어 각기 다른 중요도를 가지며, 각 가정의 상황과 배경에 따라 그 중요성이 달라질 수 있을 것이다.

- 가정 구성원 간의 애정과 존경: 건강한 가정의 기본적인 구성 요소로 작용한다. 가족 구성원들이 서로를 사랑하고 존중하는 마음가짐은 가정 내 긍정적인 분위기를 조성하며, 갈등 상황에서도 서로를 이해하고 배려하는 데 중요한 역할을 한다. 이는 가족 구성원들이 자신감을 갖추는 데도 도움을 준다.

- **의사소통의 원활함:** 가정 내 의사소통은 갈등 예방과 해결에 필수적이다. 원활한 의사소통을 통해 가족 구성원들은 서로의 필요와 욕구를 이해하고, 서로 존중하는 기반 위에서 문제를 해결할 수 있다. 특히, 어려운 감정이나 상황을 솔직하게 표현하고 공유하는 능력은 가족 구성원들 간의 신뢰와 유대감을 강화한다.

- **경제적 안정:** 경제적 안정은 가족 구성원들이 기본 생활 필요를 충족시키는 데 중요하다. 또한 불안정한 경제 상황으로 인한 스트레스를 줄이고 정서적 문제를 해결하는 데 도움을 준다. 이는 가족 구성원들이 감정적으로 안정을 유지하고 긍정적인 자아 이미지를 유지하는 데 기여한다.

- **건강한 생활 습관 및 환경:** 건강한 식습관, 규칙적인 운동, 충분한 휴식 및 잠, 긍정적인 생활 환경은 가족 구성원들의 신체적, 정신적 건강을 증진시킨다. 이러한 생활 습관은 장기적으로 가족 구성원들의 삶의 질을 향상시키고 만성 질환의 위험을 줄이는 데 기여한다.

각 가정의 상황과 우선순위에 따라 이러한 요소들의 중요성이 달라지며, 건강한 가정을 유지하기 위해서는 이러한 요소들이 상호 작용하는 방식을 이해하고 균형을 맞추는 것이 중요하다. 이러한 요소들을 가정 내에서 강화하고 발전시키기 위한 노력은 모든 가족 구성원에게 긍정적인 영향을 미치며, 행복하고 만족스러운 가정생활을 구축하는 데 기여한다.

수행 활동  ‘건강가정’을 만들기 위해 노력하기

[출처: 한국 방송 광고 진흥 공사, 공익 광고 영상 「가족 간의 관계-질문」, 2015]

• 가족 구성원 중에서 임의로 한 사람을 선택한다.
• 선택한 가족 구성원이 요즘 가 보고 싶은 곳, 관심 있어 하는 것이 무엇일지 짐작하여 적어보고, 가족 구성원의 관심사나 원하는 것을 얼마나 알고 있는지 확인해 본다.
• 내가 가족에 대해 생각했던 것이 맞는지 가족에게 전화나 문자를 통해 직접 확인한다.

※ 답하기 어려웠거나 내 생각과 다른 답을 한 가족 구성원이 있다면 왜 그랬을지 생각해 보자.

제6장

사랑과 친밀한 관계의 형성

수업목표

- 사랑의 의미와 이론을 이해하고, N포 세대의 연애 특성 및 건강한 연애 기술을 습득하여 연애 문화에 대한 사회학적 이해를 확장할 수 있다.
- 친밀한 관계 내에서의 데이트 폭력 예방 및 이별 대처 방법을 배우고, 저소비 가능 연애 체험을 통해 남녀 간의 건강한 소통 방법을 익힐 수 있다.

주제어

사랑, 실연, 데이트 폭력, 친밀한 관계

1. 사랑의 의미

20대의 연애가 중요한 이유는 가족이 아닌 다른 사람과 친밀한 관계를 맺기 때문, 이는 개인 간 문제가 아니라 사회 전반적인 문제와도 연결된다.

생각 하기

사랑이란? 무엇일까?

'사랑'이라는 말은 언제나 설레임을 주는 긍정적인 행복한 단어이다. 국어 사전에서 사랑이라는 뜻을 찾아보면 어떤 사람이나 존재를 몹시 아끼고 귀중히 여기는 마음이라고 표현한다. 일본에서는 사랑을 サラン 프랑스에서는 Amour 독일에서는 lieben 베트남어로는 tình yêu 러시아로는 любовь 영어로 쓰면 LOVE라고 한다.

흔히들 영어의 LOVE를 하나의 단어로 이해하고 있으나 사실은 조금 다르다. 영어의 LOVE 철자의 의미를 구체적으로 풀이해보면 L은 Listening(경청), O는 Openness(너그러움), V는 Verbal expression(말로 표현하기), E는 Effort(노력)이다.

이렇게 4가지 철자로만 이루어진 간단한 LOVE라는 단어에는 인간들의 함축되어진 깊고 넓은 인생의 철학이 숨겨져 있다고 할 수 있다.

[출처] 충청신문(https://www.dailycc.net)

1) 사랑의 정의

- 사랑은 인간관계에서 경험할 수 있는 가장 행복하고 신비로운 감정이다. 애정은 가장 황홀하면서도 때로는 가장 고통스러운 경험이기도 하다.
- 사랑은 동서고금을 막론하고 예술과 문학의 변함없는 주제였다. 온 인류의 최대 관심을 받으면서 여러 분야에서 탐구되어 왔다.
- 사랑은 인간의 성장과 발달에 있어 중요한 요소이며, 인간 관계의 확장과 형성에도 기여하는 요소이다.
- 사랑은 기쁨과 슬픔, 환희와 고통, 행복과 불행을 좌우하는 가장 중요한 요인이다.

• 사랑은 여러 가지 복합적인 심리적 요소의 결합으로 이루어진 다양한 측면을 가진 것이다. 즉, 애정에는 인지적인 요소와 행동적인 요소도 포함되어 있으며, 신뢰, 믿음, 행동이 표현된 것이 바로 사랑이다.

2) 사랑의 요소

나와 비슷한 사람에게 끌리는가 아니면 다른 사람에게 끌리는가?

- **근접성**: 반복 노출, 익숙해짐, 예측 가능, 유사성의 증거
- **유사성**: 신앙, 가치관, 태도, 관심, 지력, 취미, 인종 유사하면 대화 통하고 함께 시간 보내게 됨, 자존감
- **상호성**: 내가 좋아하는 것만큼 상대도 좋아한다는 인식 상호적인 호의, 관심, 돌봄> 일방적
- **보완성**: 성격은 상호 보완되면 좋음.

출처: 권석만(2018), 「인간관계의 심리학」

2. 사랑의 이론

제이콥슨, 고트만, 발츠, 러시, 배벅 등의 동료들이 30년간 수행한 장기 연구에 따르면 성공적인 결혼의 주요 결정 요소는 부부 간의 애정임을 밝혔다. 이 연구 결과는 애정을 중심으로 한 이성 교제와 배우자 선택의 중요성을 강조한다. 사랑과 이성 교제에 대한 올바른 이해는 자신의 밀접한 관계를 반성하게 하고, 가치관을 확립하는 데 도움이 된다.

1) 골드스타인의 사랑의 단계 이론

골드스타인(Goldstein)은 사랑을 세 가지 과정으로 설명한다. 애정에 빠지고, 실망을 경험한 후에도 상대를 수용하는 과정을 포함한다. 이는 애정에 빠지고, 시간이 지나면서 실망을 경험하지만, 그럼에도 불구하고 상대를 수용하게 되며 애정이 발전하는 것을 의미한다.

2) 레스의 사랑의 수레바퀴 이론

레스(Reiss)는 사랑을 수레바퀴에 비유하여 설명한다. 앞으로 나아가기도 하지만 때로는 후퇴하기도 한다고 설명한다. 수레바퀴는 라포의 형성 → 자기폭로 → 상호의존적 단계 → 애정적 욕구 충족의 순서로 진행된다고 설명하며, 라포는 첫 인상을 기반으로 짧은 시간 내에 형성된다. 보통은 1만분의 1초 내에 혹은 첫 대화 후 4분 이내에 외모, 냄새, 동질감 등 다양한 요소에 의해 형성된다고 한다. 자기폭로는 상대방에게 자신의 비밀을 털어놓는다거나 상대방의 비밀을 듣게 되면서 서로 공유감을 갖게 되는 것을 의미한다. 자기폭로의 과정은 개인의 성격과 가정환경의 영향에 따라 그 시기와 수준이 달라진다. 자기폭로의 시간이 지나면 상호의존 단계로 접어든다. 서로 간의 의사소통, 생활방식에 익숙해지는 단계이다. 이러한 단계를 거치고 나면 애정적 욕구충족 단계로 애정과 존중에 대한 기본 욕구가 충족되는 단계이다. 레스는 바퀴가 굴러가듯이 두 사람의 관계가 진전될 수도 있지만, 반대로 뒤로 후퇴할 수도 있고 관계가 해체될 수도 있다고 설명한다.

3) 스턴버그의 사랑의 삼각형 이론

스턴버그(Sternberg)는 사랑의 삼각형 이론을 통해 성숙한 사랑의 친밀감, 열정 그리고 헌신의 세 가지 속성이 균형이 맞을 때 달성된다고 설명한다. 세 가지가 불균형을 이루면 완숙하지 못한 사랑의 형태를 띠게 되는데, 예로 친밀감과 열정만 있는 경우 낭만적 사랑, 친밀감과 헌신만 있을 경우 동료적 사랑, 열정과 헌신만 있을 경우 맹목적 사랑으로 분류된다.

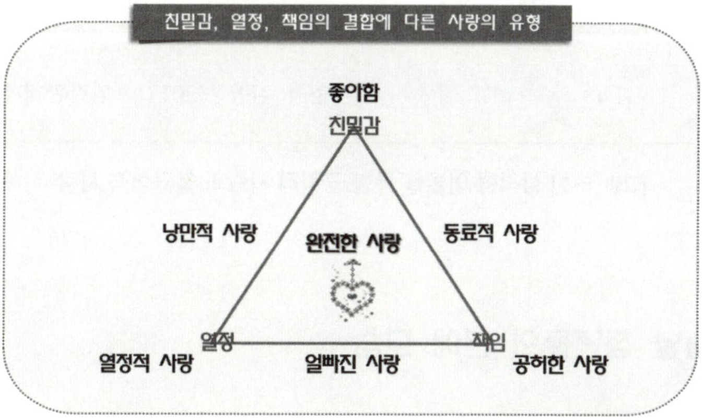

출처: 열린복지정책연구소

〈사랑의 세 가지 구성요소〉

- 열정: 사랑의 뜨거운 측면, 생리적 흥분, 강렬한 욕망, 지속성 떨어짐
- 헌신: 사랑의 차가운 측면, 사랑을 지키겠다는 선택이자 의사결정, 책임감
- 친밀감: 사랑의 따뜻한 측면, 정서적 지지, 감정 및 정보를 공유

출처: 기쁘다, 성미애, 이재림(2020) 「가족생활교육」, 한국방송통신대 KNOU

[그림 6-1] 사랑의 삼각형 이론과 세 가지 구성요소

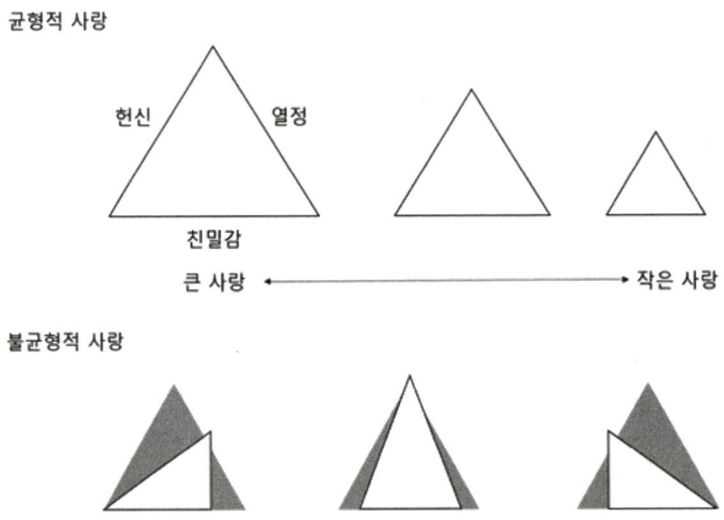

출처: 김종운(2017), 「인간관계 심리학」

[그림 6-2] 삼각형 이론을 통한 균형적 사랑과 불균형적 사랑

3. 오늘날 청년들의 연애 모습

'취업, 연애, 결혼을 포기한 세대'라 해서
20대에 이름 붙은 '삼포세대'
20대들은 관계 맺음에 두려워한다.
거절당할게 두려워 고백도 하지 않는다.

N포 세대란? 사회적, 경제적 압박으로 인해 연애, 결혼, 주택, 꿈 등 많은 것을 포기한 세대를 일컫는 용어이다.

- 기존 3포세대는 연애, 결혼, 출산을 포기
- 이후 5포세대는 연애, 결혼, 출산, 내 집 마련, 인간관계
- 이후 7포세대는 연애, 결혼, 출산, 내 집 마련, 인간관계, 꿈, 희망
- 이후 9포세대는 연애, 결혼, 출산, 내 집 마련, 인간관계, 꿈, 희망, 외모, 건강을 포기한 세대를 뜻한다.

결국 돈과 직관되는 문제로 이런 9포 세대를 가장 우울한 계층 K세대라고 부르기도 한다.

생각하기

N포 세대? 청춘들은 왜 연애를 포기하는가?
나는 연애하기를 원하는가? 그렇지 않은가?

4. 건강한 연애의 기술

나와 잘 맞는 사람을 고르고 싶다면? 많이 만나보기!
- 이를 통해 대화와 배려, 그 외 다양한 연애의 기술을 터득할 수 있다.

좋은 사람과 좋은 연애를 하면 나 자신도 더 멋진 사람이 되는 것 같은 느낌을 받곤 한다. 서로를 존중하며 함께 삶을 가꿔 나가는 '건강한 연애', '건강한 결혼 생활'은 어떤 것일까. 이를 확인하기 위한 일곱 가지 체크리스트를 소개한다.

1) '건강한 연애'를 위한 9가지 체크리스트 ☑

(1) 사랑을 하면서도 취미생활이나 우정을 지속하는 데 문제가 없다 □

연애를 하더라도 당신의 기본적인 정체성은 변하지 않아야 한다. 성숙한 파트너는 당신이 연애 이외에도 취미활동으로 재미를 추구하거나 친구들과 만날 시간이 필요하다는 걸 이해하는 사람이다. 미국 오레곤 주 포틀랜드의 커플상담사 카를 캐롤 씨는 "상대방에게 너무 집착하면 연인 관계를 지속하기 위해 한쪽의 일방적인 희생이 필요해진다. 그러다 보면 숨이 막혀 떠나게 되는 거죠."라고 말했다.

(2) 연인과 함께 있어도 태도가 크게 달라지지 않는다. □

워싱턴 D.C.에서 활동하는 심리학자 마리 랜드 씨는 "건강한 관계에서는 누구와 함께 있든 행동이 크게 달라지지 않습니다."고 말한다. 친구들과 있을 때, 연인과 있을 때 완전히 딴 사람이 된다면 그리 좋은 징조가 아니다.

(3) 권력관계가 비교적 동등하다. □

상담사 에이미 킵 씨는 발언권이나 집안일 담당과 같은 '권력'이 동등하게 배분되어 있는 관계일수록 건강한 관계라고 강조했다. 킵 씨는 "파트너끼리 의사결정에 있어 동등한 발언권을 가져야 한다. 독이 되는 관계에서는 어느 한 쪽이 관계의 칼자루를 쥐고 있는 경우가 많죠."라고 말했다.

(4) 나의 꿈을 추구할 수 있다. 그리고 내가 성장하고 있는지 확인해 보기 □

좋은 파트너는 당신의 인생 목표와 꿈을 존중해 주는 파트너이다. 캐롤 씨는 "파트너가 '당신 꿈은 비현실적이야'라든가 '그건 힘든 길이야'라며 의욕을 꺾는다면 당신은 연인으로부터 응원받고 있다는 행복감을 느낄 수 없을 것이고, 그러다 보면 관계를 유지하기도 힘들어집니다."라고 말했다. 연인관계 초기부터 서로의 꿈과 인생 목표에 대해 자주 대화하는 게 도움이 된다.

상대방과 함께 맞춰가야 하는 연애지만, 이 과정 속에서 내가 어떤 것을 얻고 성장하고 있는지 확인해 보아야 더 옳은 방향으로 나아갈 수 있기 때문이다. 만약, 상대방과 연애를 시작한 후 긍정적인 감정보다는 불안함, 두려움, 분노 등 부정적인 감정을 느끼는 것이 크다면 건강한 연애를 하고 있다고 보기 어렵다. 이러한 감정은 내가 성장하기는커녕, 위축된 사람으로만 만들기 때문이다. 상대방과 만나며 안정감, 기쁨, 만족감 등 긍정적인 감정 속에서 내가 어떻게 성장하고 있는지 꼭 확인해 보자.

(5) 차이점을 존중하고 기꺼이 받아들인다. □

사람은 누구나 성장 환경이 다르고 각자 식습관도 다르다. 처음에 그 '다름' 때문에 끌렸다면 시간이 지나도 계속 그 점을 매력적으로 받아들일 수 있어야 한다. 좋지 않은 연애를 하는 사람들은 상대가 나와 다른 점이 있을 때 그것을 '위협'으로 받아들인다. 상대가 나와 다른 성격, 외모, 취향, 습관을 가졌다는 것을 인정하고 그것을 존중해 주는 것이 좋은 연애의 지름길이다. 물론 너무나도 가치관이 달라서 말이 통하지 않을 정도라면 사귀기 힘들겠지만, 어느 정도의 '다름'은 그 사람의 개성으로 받아들이는 자세가 필요하다.

(6) 연인과 함께 있을 때 휴대전화를 필사적으로 사수하지 않아도 된다. □

상대가 내 휴대전화를 뒤적이지 않을 거라는 확신이 있다면, 또는 만약 본다고 해도 문제가 될 만한 게 없다면 건강한 연인관계라고 할 수 있다. 각자의 사생활은 보호받아야 하지만 잠깐 컴퓨터를 켜 놓고 자리를 비우거나 휴대전화를 내려놓는 게 '대단한 결심'처럼 느껴진다면 좋은 징조가 아니다.

(7) 상대방 때문에 마음이 상했을 때 망설이지 않고 말할 수 있다. □

말다툼하는 것을 두려워하지 않는 관계가 건강한 관계다. 갈등은 서로 소통하고 있다는 자연스러운 표시이다. 캐롤 씨는 "안 좋은 소리를 하는 게 불편하다고 그냥 묻고 넘어가다 보면 분노가 커지고 거리감이 생길 수 있다. 논쟁하는 건 썩 유쾌하지 않지만, 길게 봤을 때 충분히 가치가 있는 일입니다."라고 말했다.

(8) 당연하게 생각하는 것은 금물이다. □

기념일에 꼭 선물을 받아야 하는 것, 나를 데리러 오고 데려다주는 것, 나를 위해 근사한 데이트를 준비하고 맛있는 식당을 찾아주는 것. 오랜 기간 연애를 하다 보면, 이렇게 상대방이 나에게 해주는 것에 대해 당연하게 생각하게 될 수 있다. 그러나 이러한 생각과 태도는 절대 건강한 연애로 이어질 수 없습니다. 당연하게 생각하는 습관은 버리고, 고마움을 표현하는 습관을 길러보자. 그리고 상대방이 나에게 해주는 만큼 나 역시 상대방에게 베푸는 것이 좋다. 이러한 마음가짐이 건강하고 성숙한 연애를 지속시켜줄 것이다.

(9) 상대를 바꾸려 하지 말아라. □

종종 싸움이 일어나다 보면, 나의 뜻대로 상대방을 바꾸길 원하는 경우가 있다. 그러나 이럴 때 상대방을 바꾸려 하는 것은 올바른 방법이라고 볼 수 없다. 나와 상대방은 오랜 시간 다른 환경에서 살아 왔으며 때문에 다른 점이 있을 수밖에 없다. 따라서 바꾸려 한다고 하더라도, 일시적일 수밖에 없으며 결국 어느 한쪽이 지치게 되고 아쉬운 결말로

흘러가게 된다. 성숙하고 건강한 연애의 출발점은 상대방을 있는 그대로 이해하는 것이다. 물론 서로가 너무 다른 점은 조율하고 합의점을 찾아 고쳐나갈 수는 있다. 하지만 상대방의 본질을 완전히 바꾸려고 하는 것은 가면을 쓴 상대방과 연애를 하겠다는 것과 같다. 있는 그대로의 상대방을 받아들이며 이 안에서 어떻게 발전할 수 있을지 대화해 보는 것이 현명한 방법이다.

출처: 동아일보 (2016.12.15.)

2) 사랑의 발달과 유지를 위한 전략

- 상대방을 이해하려고 노력하라
- 나의 마음을 솔직하게 표현하라
- 좋은 경청자가 되라
- 사랑을 하려면 변화와 용기를 가져라
- 낭만적 사랑을 너무 기대하지 마라
- 갈등 자체가 관계를 저해하는 것이 아니라 갈등을 해결하려는 노력의 실패가 관계를 저해한다는 것을 명심하라.
- 끝은 새로운 시작일 수 있다는 사실을 받아들여라

출처: 김종운(2017), 「인간관계 심리학」

체험
하기

상황극: 연애 상황 시 발생할 수 있는 문제상황 해결을 통해 연애 시 소통방법을 익힌다.

▣ 상황: 술자리에 간 여자친구(혹은 남자친구)가 오랜 시간 연락되지 않아 남자친구(혹은 여자친구)가 섭섭해하는 상황을 가정하고, 어떻게 하면 둘의 관계를 슬기롭게 풀어 나갈지 고민하는 역할극

※ 구체적인 상황과 현실적인 고민이 수업 시간에 다뤄짐(수강 학생의 실제 연애 고민 사연을 주제로 다루어도 좋음)

5. 친밀한 관계 내에서의 폭력의 발생

▣ 데이트 폭력의 원인과 예방 및 대처

• 스토킹이란?

상대방의 의사에 반하여, 공적 · 사적인 생활 영역에 직접 또는 간접적으로 접근하여 괴롭히는 행위를 말한다. 반복적으로 접근하거나 미행하는 행위, 주거지 · 근무지 · 학교 등의 활동 장소에서 지켜보거나 통행로에 서 있는 행위, 특정 물건이나 사진, 문자를 반복적으로 보내는 행위, 피해자와 그 주변인의 안전과 생명을 침해하거나 위협하는 행위, 그 외 자유로운 생활 형성을 방해하는 경우 등이 이에 해당된다.

• 데이트 폭력이란?

데이트 관계에서 발생하는 신체적, 정서적, 경제적, 성적 폭력으로, 다양한 형태의 폭력(감시, 통제, 폭언, 갈취, 협박, 폭행, 상해, 감금, 납치, 살인미수 등)을 말한다. 데이트 관계는 데이트 또는 연애를 목적으로 만나고 있거나 만난 적이 있는 관계를 포함하며, 맞선 · 부킹 · 채팅을 통해 그 가능성을 인정하고 만나는 관계까지 포괄하고, 사귀는 것은 아니지만 호감을 갖고 있는 상태까지 포함된다.

뉴스영상보기

• 데이트 폭력의 원인

아동기나 청소년기에 부모로부터 폭행을 당했거나, 부모 사이의 폭력 장면을 목격한 후 이를 모방하게 된다는 이론이 있으며, 폭력적인 가정환경에서 자라 부모와의 애착 관계를 경험하지 못해 결국 연인과도 유대관계를 형성하지 못한다는 이론이 있다. 여성이 남성에게 순종해야 한다는 전통적인 성 역할이 데이트 폭력을 초래한다는 이론도 있다.

한국여성회의 발표에 따르면, 데이트 폭력 범죄를 저지른 사람의 재범률은 매우 높다. 70% 이상이다. 폭력은 대물림되는 경향이 크다. 많은 경우 폭력을 어린 시절부터 부모로부터 보고 배우는 사례가 많다.

• 데이트 폭력 대처방법

아래 사항은 보통 수사기관이나 여성단체 등에서 매뉴얼로 사용하는 방법이다. 일부는 실효성이 있어 보이지만, 일부는 의문이 들기도 하는 부분이 있다. 참고하여 함께 살펴보자.

- 일이 커지기 전에 태도를 분명히 하라. 자기의 의사를 분명히 밝히고 뚜렷한 주관을 가져야 한다.
- 용서를 구하며 설득하려고 할 때 폭력은 절대 용납될 수 없다는 뜻을 명확히 전달해야 한다.
- 데이트 폭력을 행하는 가해자와는 헤어지는 것이 상책이고 만약 만나더라도 단둘이 만나지 말아야 한다.
- 당연한 이야기지만, 가해자를 안 만나면 된다. 다시 만나더라도 폭력 전력이 있다면 우선은 단둘이 만나는 것을 자제하라고 권유한다.

출처: 데이트폭력의 원인과 대처방법, 법무법인 제이앤

• 데이트 폭력 및 스토킹에 적용되는 법률은 다음과 같다.

〈표 6-1〉 데이트 폭력 및 스토킹 관련 법률

유형	데이트 폭력 및 스토킹 관련 법률
데이트 폭력	데이트 폭력과 관련된 법률은 그 내용을 통일적으로 담기 보다는 데이트 관계에서 발생하는 해당 행위와 관련된 조항을 개별적으로 적용 • 강간, 유사강간, 강제추행 등 데이트 성범죄: 「**형법**」, 「**성폭력범죄의 처벌 등에 관한 특례법**」 • 언어적, 신체적, 정신적 데이트 폭력: 「**형법**」**상 '모욕죄'(제311조),** 「**형법**」**상 '상해와 폭행의 죄'(제25장), '체포와 감금의 죄'(제29장),** 「**형법**」**상 '협박의 죄'(제30장)** • 「**정보통신망 이용촉진 및 정보보호 등에 관한 법률**」 등
스토킹	스토킹 범죄의 처벌 등에 관한 법률 [법률 제18083호] • 제정일: 2021년 4월 20일 • 시행일: 2021년 10월 21일

출처: 숙명여자대학교 인권성평등센터 홈페이지

6. 이별, 잘 떠나보내기

▣ 사랑의 붕괴(Duck, 1982)

(1) 일반적 심리 단계: 연인관계 종결의 발단이 되는 일 경험

(2) 양방적 인지 단계: 상당한 시련 경험

(3) 사회적 단계: 관계를 정리하고 사회적 적응을 위한 준비 시작

(4) 정리 단계: 정신적, 육체적으로 완전히 끝냄

▣ 사랑이 끝나면

(1) 이별의 특징: 사랑을 시작할 때 분비된 코르티솔, 도파민, 노르에피네프린은 이별을 할 때에도 분비됨.

(2) 이별 후 아픔: 실연 경험을 떠올릴 때 육체적 고통 받을 때와 같은 뇌 영역이 활성화됨(Kross et al., 2011)

(3) 시간 가지기(Eastwlck et al., 2008)

(4) 이별 후 성장 - 회복하기

▸ 좋은 헤어짐을 위한 연애법

최대한 상처받지 않고 미련없이 헤어지는 법!
나쁜 헤어짐이 나쁜 인연을 만든다고?!
좋은 헤어짐을 위한 연애 고수에게 듣는
따끈따끈한 독설

관련 영상보기

▸ 이별 후, 멘탈 관리법

건강하게 이별하는 법!
정신과 의사에게 듣는 연애 멘탈 관리법

관련 영상보기

체험하기

• **스무살에 쓰는 사랑의 이력서**

- 간접 연애 체험을 통해 남녀 간 건강한 소통 방법을 익히고, 계획적인 소비 안에서 연애를 실연해보는 등 연애 문화에 대한 사회학적 이해를 확장 시켜볼 수 있다.

스무살에 쓰는 사랑의 이력서(자신을 홍보하는 내용의 이력서 작성하여 제출하기)

〈작성내용〉

- 본인의 나이, 성별, 성격 등
- 나의 열등감, 열등감을 극복하기 위한 방법
- 나의 장점 찾기와 칭찬하기
- 이상형 정보
- 원하는 데이트는?

〈작성 예시〉
나의 외모는? "키 크고 피부 희며 개념 있지만 조금 4차원"
이상형은? "균형 잡힌 안정적 멘탈, 담백한 외모, 좋은 식성"
원하는 데이트는? "맛집, 도서관, 영화관, 치맥, 등산, 야구장"

• 교수자는 주선자가 되어 지원자의 이력서를 토대로 임의로 짝을 지어 준다.
• 커플은 주선자가 제시한 프로젝트(1만원으로 4시간 데이트하기)를 기한 내에 수행하고 결과를 발표한다.
• 프로젝트를 통해 적은 돈으로 데이트가 가능하다는 것을 몸소 실천하고, 배려, 대화, 매너 등 데이트 에티켓을 경험하고 익힌다.

[데이트 계획 세우기]

•

•

•

제 7 장

배우자 선택과 결혼 준비 그리고, 행복한 결혼 생활 전략

수업목표

- 개인의 삶과 행복에 미치는 배우자 선택의 중요성을 이해하고, 다양한 배우자 선택 이론을 습득하여 실생활에 적용할 수 있다.
- 행복한 결혼 생활을 위한 전략과 기술을 학습하고, 이를 통해 실제로 행복한 결혼 생활을 유지할 수 있는 능력을 갖추도록 한다.

주제어

배우자 선택, 행복한 결혼

인간은 살아가면서 끊임없이 여러 가지 결정을 하게 된다. 인생에 중요한 결정 중 하나는 배우자 선택이다. 남녀 모두 어떤 배우자를 선택했느냐에 따라 그 사람의 행복과 불행으로 이어질 수 있는 결정적인 계기를 마련할 수 있기 때문이다. 그러므로 결혼이란 남녀를 불문하고 한 개인에게 있어 신중히 선택하고 결정해야 할 일생일대의 중요한 사건이다.

1. 배우자 선택의 중요성

일반적으로 인생의 여정을 홀로 가는 것보다 누군가와 함께 가기를 원하기 때문에 결혼할 것이다. 인간은 불완전하고 상호의존적이기 때문에 일상적으로 누군가에게 끊임없이 관심을 받고 친밀한 관계를 유지하고 싶어 한다. 그러한 정서적 관계를 항구적으로 보장받기 위해 결혼을 선택한다. 또한 인간의 기본적인 욕구인 성욕을 합법적으로 충족하기 위한 목적도 있으며 나아가 자녀를 갖기 위한 동기도 있을 것이다. 대부분의 사람들이 결혼을 선택하는 주된 동기를 살펴보면 다음과 같다(이기숙 외, 2001).

사랑의 실현 대부분의 사람이 결혼을 하는 가장 큰 이유는 바로 사랑하는 사람과 함께 살고 싶기 때문이다. 두 사람은 결혼이라는 사회제도 속에서 상대방에 대한 애정이나 헌신, 몰입, 책임감 등을 표현하면서 서로에게 인생의 동반자가 된다.

성적 욕구의 충족 성적 욕구는 결혼 이외의 관계에서도 충족될 수 있다. 하지만 결혼이라는 사회제도를 통해 서로 간의 성적 독점성과 다른 성적 관계에 대한 배타성을 하나의 권리로 인정받게 된다.

정서적 · 경제적 안정 대부분의 사람은 결혼을 통해 정서적 안정과 경제적 안정을 획득하게 된다. 생의 동반자인 배우자로부터 자신에 대한 이해와 정서적인 뒷받침을 받으면서 자신이 소중한 사람이라는 정서적 안정감을 얻게 된다. 또한 가계의 수입과 지출을 함께 관리하는 경제적 공동체로서 가계의 자산 증식과 합리적인 소비활동을 통해 물질적 안정을 취하게 된다.

부모됨의 성취 자녀를 갖고 부모가 된다는 것은 사람들에게 중요한 인생의 목표가 된다. 전통사회에서는 자녀출산을 통해 가계를 계승해 나가는 것은 결혼의 중요한 동기였다. 현대사회에서는 자녀출산이라는 결혼의 동기가 상당히 약화되었지만, 아직도 많은 사람들이 결혼을 하여 자녀를 출산하고자 한다. 또는 미혼상태에서 자녀를 가지게 되었을 때, 법적으로 안정적인 환경하에서 자녀를 양육하고자 결혼을 선택하기도 한다.

성인으로서의 신분 획득 한국은 법적으로 만 19세 이상 된 자를 성년으로 인정한다. 하지만 혼인을 할 수 있는 연령은 남녀 만 18세로 부모의 동의가 있다면 미성년이라 할지라도 혼인할 수 있다(민법 제807조). 또한 민법 제826조의 2에 의하면 미성년이 혼인을 할 경우에는 성년으로 인정하여 부모가 혼인한 미성년 자녀의 법적 대리인 역할을 하지 않도록 하고 있다. 이는 역연령(曆年齡)을 기준으로 한 성년의 신분 인정 이상의 의미로 사회적 기준의 성인 신분 획득의 의미가 포함된다. 즉 결혼을 통해 사회적으로 성인으로 인정을 받을 수 있고, 부모로부터 독립된 생활을 영위할 수 있다.

사회적 기대의 부합 전통적으로 우리 사회의 사회적 규범이나 가치는 성인이 되면 결혼을 하는 것이 정상적인 것으로 간주되어 왔다. 특히 가족주의가 강한 한국에서는 적절한 시기에 결혼을 하지 않으면 주위 사람이나 사회로부터 압력을 받게 된다. 최근 이러한 압력이 다소 약화되긴 했지만 일정한 연령에 도달한 성인남녀가 결혼하기를 기대하는 것은 여전히 사회적 통념으로 존재하며, 이에 부합하기 위해 결혼을 선택하기도 한다.

하지만 이러한 결혼의 일반적인 동기와는 달리 결혼생활의 안정성을 위협하는 바람직하지 않은 부정적인 동기들도 있다. 예를 들어 헤어진 사람에 대한 복수, 사회경제적 지위 상승의 수단, 순간적인 열정, 혼전 임신, 상대방에 대한 동정심, 부모의 지나친 통제로부터의 도피, 불행한 가정환경에서의 탈출 등의 이유(정옥분 외, 2009)이다. 이러한 부정적인 동기들이 결혼 결심으로 작용한 경우 결혼생활의 만족감이나 안정성은 크게 위협을 받을 수 있다.

결혼의 동기와 관련하여 향후 원만하고 조화로운 결혼생활을 영위하기 위해서는 결혼 전에 자신이 결혼을 하고자 하는 명확한 이유와 결혼을 통해 충족하고자 하는 중요한 욕구에 대한 진지한 자기성찰의 시간을 갖는 것이 중요하다. 아울러 결혼에 대한 비현실적인 기대나 환상을 갖고 있는 것은 아닌지에 대한 사전점검이 필수라고 할 수 있다.

2. 배우자 선택이론의 이해

결혼은 이상이 아니라 현실이므로 일시적인 감정이나 충동적인 사랑이 절대적인 요소가 될 경우 결혼이 불안정해질 위험이 있다. 따라서 결혼은 한 개인의 일생에 있어 중요한 전환점이 되므로 배우자를 선택함에 있어 여러 가지 사안들을 고려하여 신중하게 이루어져야 한다.

국내 한 결혼정보회사가 2030 세대를 대상으로 이상적인 배우자의 조건이 어떠한지 인식을 조사하였다. 그 결과를 요약하면 다음과 같다.

MZ세대 미혼남녀가 원하는 배우자상

출처: 결혼정보회사 듀오(2023)

생각하기  **내가 생각하는 배우자 선택의 조건이 있다면, 그 조건을 순서(우선순위)대로 적어보고, 이야기 나누어 보아요.**

그렇다면 배우자 선택은 어떻게 이루어지는 걸까? 이를 연구하여 이론으로 제시한 여러 학자들이 있는데 그 중 Udry(1971)의 여과망 이론을 살펴보자.

▣ 배우자 선택의 여과망 이론

Udry(1971)는 모든 가능한 데이트 상대로부터 관계를 맺기 시작하여 결혼에 이르기까지 6개의 여과망(Filter)을 거치면서 점차 그 대상이 좁혀지고 제한되어 마지막으로 한 사람을 선택한다고 주장하였다. 즉, 배우자를 선택하기까지의 과정이 대체로 여섯 단계의 여과망을 거쳐서 이루어진다고 제안하였다.

먼저 근접성의 여과망을 통하여 가능한 대상자 가운데 현실적, 지리적으로 쉽게 만날 수 있는 사람들로 그 대상이 제한된다.

둘째, 매력의 여과망을 통하여 이 가운데 상호 매력을 느끼며 호감을 갖는 사람들로 대상이 좁혀진다. 이때 매력을 느끼게 하는 요인은 외모, 성격, 능력 등 개인마다 다르다.

셋째, 사회적 배경의 여과망을 통하여 인종, 연령, 종교, 사회 계층, 직업, 교육 수준이 비슷한 사람들로 더욱 범위가 축소된다.

넷째, 상호 의견일치 여과망을 통하여 인생관, 결혼관 등 중요 문제에 대하여 동일한 가치관이나 견해, 태도를 지니는 연인만 남게 된다.

다섯째는 상호보완 여과망으로 서로의 욕구나 필요를 서로 충족시켜 줄 수 있고, 어느 한 편의 단점을 다른 편에서 보완해 줄 수 있을 때 결혼할 가능성은 증가된다.

마지막 단계로 결혼 준비 상태의 여과망을 통해서 비로소 결혼에 이르게 된다. 결혼 후에 거처할 장소를 준비하고 생계 방안을 마련하는 등 결혼에 필요한 준비를 갖추어야 비로소 결혼에 이르게 된다.

체험
하기

〈배우자 선택 카드 게임〉을 통해 우드리(Udry)의 여과망 이론을 이해하고, 배우자 선택을 신중히 한다.

▣ 여과망 이론을 적용한 배우자 찾기 카드 게임

[가정] '세상의 모든 남자(여자)는 다 나의 배우자 상대'

- 아래와 같은 6장의 카드 준비
  - 근접성: 그중에 나와 가까이 살거나 접할 기회가 많은 상대
  - 매력(호감) 그중에 서로 호감을 느끼는 상대
  - 사회적배경: 그중에 나와 연령, 직업, 교육 수준 등이 비슷한 상대
  - 가치관: 그중에 나와 인생관, 결혼관 등의 가치관이 유사한 상대
  - 배우자 역할: 배우자로서 역할을 충족시킬 수 있는 상대
  - 결혼 준비 상태: 결혼준비가 된 상대
  - 결혼 성공

※ 이상형 월드컵 게임과 흡사한 형식으로 운영하면 이해가 쉽다.

▣ 참고자료: 현실에서의 배우자 선택

• 기브 앤 테이크(Give and Take)

"기브 앤 테이크"란 주는 만큼 받는다는 뜻이다. 사회생활을 하면서 꼭 필요한 것이겠지만, 배우자를 선택하는 상황에서도 적용된다. 배우자 선택 시에는 공통의 이론이 있는데, 먼저 공통 이론은 공정하게 주고받는 것에 대해서 생각하는 것이다. 의견이 일치할 경우 두 사람은 서로를 배우자로 선택하게 된다. 즉, 공평한 "기브 앤 테이크"는 바람직한 배우자를 찾는 데 도움이 되기도 한다.

• 끼리끼리 모인다(Birds of a feather flock together)

"끼리끼리 모인다"는 사람은 비슷한 성향을 가진 사람들끼리 모인다는

뜻이다. 이 말은 즉, 서로의 공통점을 찾고, 유사한 생각을 가진 사람과 함께하는 것이 편하다는 것을 의미하기도 한다. 배우자 선택 시에도 동일한 원리가 적용된다. 보통 연령, 교육 수준, 지능뿐만 아니라 사회적 지위, 종교, 신념 등 비슷한 사람끼리 결혼을 많이 한다. 이러한 경우, 결혼 생활이 더 원활할 가능성이 크다고 이야기하기도 한다.

• 사람은 완벽하지 않다(People are not perfect.)

"사람은 완벽하지 않다"는 누구도 완벽할 수 없다는 것을 의미한다. 사람은 신이 아니기 때문에 완벽할 수 없다. 그래서 자신의 부족함을 채워줄 다른 사람을 찾는 경우도 존재한다. 배우자 이론 중에는 보완 욕구 이론이 있는데 사람들은 두 사람 사이에 서로의 부족함을 채워줄 수 있는 요인이 있을 때 매력을 느낀다는 것이다. 나의 부족한 점을 배우자가 채워주고 배우자의 부족한 점을 내가 채워준다면 부부가 하나가 되어 행복한 결혼 생활을 할 수 있을 것이다.

3. 행복한 결혼생활 전략

- 결혼생활에 대한 준비와 투자는 곧 가족의 행복을 저축하는 전략임
- 결혼은 정서적, 성적 사회적 경제적으로 결합하는 과정으로서, 결혼을 선택한 이들은 행복한 가정을 이루는 것을 목표로 노력하고자 함

① 개인적 습관에서 '가족 중심의 습관'으로

② 자녀의 입장에서 '며느리 사위의 입장'으로

③ 자녀의 입장에서 '배우자의 입장'으로

④ 나의 생활에서 '우리의 생활'로

⑤ 개인의 구매에서 배우자와 '가족을 위한 구매'로

⑥ 낭만적 사랑에서 현실과 관련된 '책임감 있는 태도와 능력'으로

⑦ 독신의 불완전한 성생활에서 공인된 두 사람 간의 '완전한 성생활'로

출처: 김양희 외(2012) 「결혼과 가족」

〈원 상처 들여다 보기〉

살면서 상처받은 경험을 떠올려보세요. 대상은 누구였나요?

가장 가깝고, 친밀한 사람에게 상처를 받습니다. 어린 시절에는 애착 대상인 주양육자겠죠. 조금 더 커서는 단짝 친구, 연인, 결혼하면 배우자.

이런 사람들은 내가 애착을 갖는 대상인데, 즉, 나를 사랑해주고 내 편이 되어주길 기대하는 사람들이죠. 기대가 충족되지 않으면 상처가 깊게 남습니다.

가족 내에서 받은 원상처들은 지속적이고, 반복되기 때문에 스몰 트라우마라고 불리고요. 성장한 이후에도 비슷한 상황이 왔을 때 정서적으로 예민하게 반응하게 되는 거예요.

나의 원상처를 한번 떠올려 보세요.

살면서 가장 힘들었던 일...

그리고 배우자에 대해서도 연민의 눈으로 호기심 있게 물어봐주세요.

연애할 때 이런 이야기 솔직하게 나누고, 그때 마음이 어땠는지 묻고 대화하는 것도 좋겠죠.

상대방의 아픈 이야기를 듣고 내가 함께함으로 채워주고 싶다는 생각을 하게 되거든요. 상대방의 상처를 알고도 뾰족한 마음을 다 받아주는 게 쉽지는 않지만, 이해하고 있으니까 마냥 미워할 수는 없겠더라고요. 그리고 상대방과 이런 대화를 나눠보세요.

"나는 이럴 때 가장 힘들었었어. 그때 상처가 괜찮아진 줄 알았는데 아직 괜찮지가 않은가봐. 당신이 ____________ 할 때, 나도 모르게 __________ 반응하게 되는 것 같아.

나는 당신이 _______ 해주기를 원해..."

출처: [세종심리상담] 배우자 선택이론

제8장 건강가정의 등장과 중요성

수업목표

- 건강가정의 개념을 설명할 수 있다.
- 건강가정기본법, 건강가정 기본계획의 의미에 대해 말할 수 있다.

주제어

건강, 건강가정, 건강가정기본법, 건강가정 기본계획

[마음열기]-사랑이네 가족 이야기

사랑이네 가족 이야기 (KBS TV동화 행복한 세상 - 표현하세요)

영상보기

1. 건강가정의 의미

- 가족이 왜 실패하는가를 질문했던 데에서 '가족이 어떻게 성공하는가'에 대한 답을 찾는 것으로 전환(70년대 미국). 이 과정 중에서 건강가족적 관점(Family strength perspective) 등장
- 비슷한 용어로 strong family, balanced, optimally functioning, resilient family

가정은 개인과 사회를 건강하게 만드는 기초 환경이다. 가족 구성원으로서 건강하고 행복한 삶을 영위하기 위해서는 가정의 건강이 무엇보다 중요하다. 건강가정을 위한 가족 구성원의 유연한 역할과 책임을 이해하고, 가정에서 자신의 역할을 찾아 실천해 보자.

▣ 건강가정의 의미: 건강가정은 가족 구성원의 욕구가 충족되고, 인간다운 삶이 보장되는 가정을 말한다. 즉, 가족 구성원 서로가 애정과 존

중을 바탕으로 서로의 개성을 존중하고 차이를 인정하여 모두가 행복을 느끼는 가정을 의미한다.

▣ 건강가정을 만들기 위한 가족 구성원의 역할: 가족의 역할은 가족 내의 성별과 세대로 지위가 정해지고, 그 지위에 요구되는 태도나 행동을 말한다. 가족의 역할은 시간의 흐름에 따라 끊임없이 변화한다. 건강한 가족생활을 위해 모든 가족 구성원이 유연하고 합리적으로 역할과 책임을 나누고 협력해야 한다.

출처: 울산광역시 교육청「가정 1. 변화하는 사회 속 건강한 가족 재구성」

2. 건강가정기본법의 이해

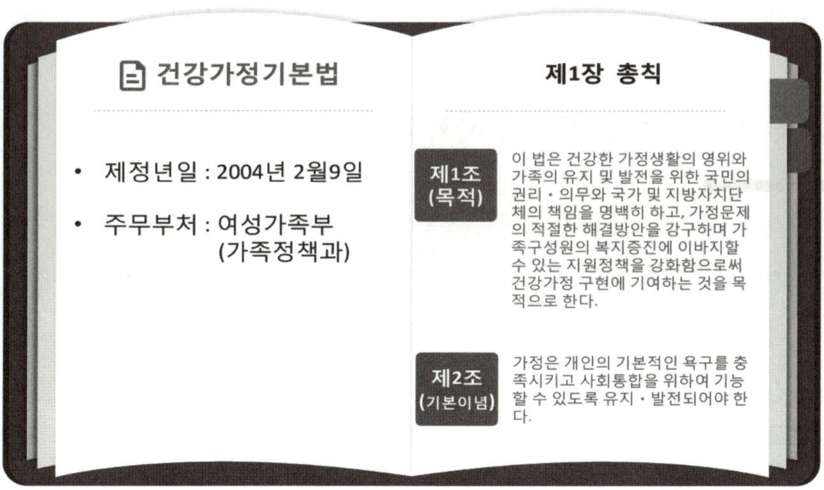

1) 건강가정기본법이 지향하는 이념

- 개인의 행복과 건강한 사회의 기초가 되는 가정의 건강성 증진
- 생활 단위인 가정에 대한 강조와 가정 단위의 통합적인 서비스 제공
- 양성평등의 가족 정책을 넘어 성과 세대, 생활과 문화의 통합을 강조
- 국가의 지원 강화와 가정의 자립과 협동
- 가정에 대한 사전적, 예방적 지원의 필요

2) 건강가정기본법 제정의 효과

- 명시적 가족정책의 실시와 가족정책 전담부서의 설치
- 가족 관련 법과 정책의 범위 확대에 기여
- 가족정책의 전달체계 확대 및 전문 종사자를 통한 건강가정 사업의 효율성 증대 효과
- 가족과 관련된 사회적, 예방적 사업의 수행과 사회적 비용의 감소 효과

3) 건강가정기본법 제정의 사회적 기여

- 가정 단위의 통합적 지원을 통해 정책적 효율성 제고
- 가정 문제에 대한 사전적, 예방적 접근을 통해 장기적 효과성 창출
- 다양한 형태의 가정에 대한 지원을 통한 사회통합 실현
- 가정생활에 대한 제도적 접근의 전문화를 통한 서비스의 질적 향상
- 가정 관련 정책 및 제도의 거시적, 장기적 방향 제시
- 사회적 일자리 창출에 기여

전국 152개소 '건강가정지원센터' 설치

다양한 가족, 서로 돌보는 가족
서울특별시
건강가정지원센터

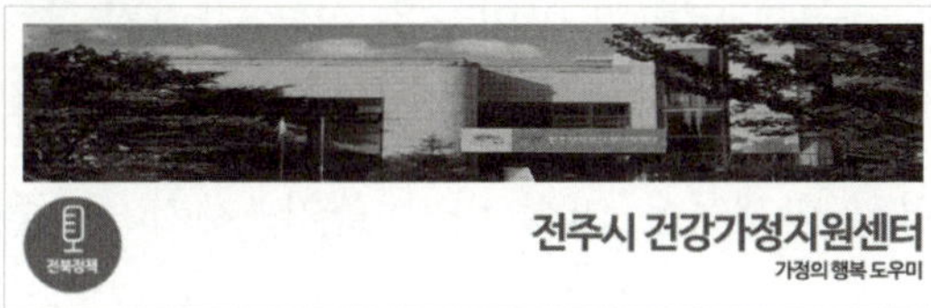

'건강가정지원센터'는 가족이 함께 많은 시간을 보내고, 서로를 이해할 수 있는 폭을 넓히며, 가족 기능을 강화할 수 있도록 가족 단위 참여 프로그램들을 제공한다. 가족을 위한 다양한 지원, 맞벌이 가정을 위한 프로그램, 사업의 인지도 제고를 위한 홍보는 물론 '가족돌봄나눔', '가족교육', '가족상담', '가족문화', '다양한 가족 통합 서비스', '지역사회 연계'와 관련된 사업을 진행하고 있다.

3. 건강가정 만들기를 위한 구체적인 방법

'건강가정'은 저절로 만들어지는 것이 아니라 가족 구성원들의 노력으로 이루어진다.

관련 영상 보기

우리 주변의 '건강가정' 엿보기

• 노력 1: 집안일에 협동적으로 참여하기

가정의 의식주와 관련된 일을 가족 구성원들 모두 각자의 상황과 능력을 고려하여 역할을 분담하고, 책임감을 가지고 실천해야 한다. 일반적으로 6~8세 연령의 아이들은 식탁 차리기, 물건 정리하기, 쓰레기 버리기, 자기 방 청소하기, 자기 침대 정리하기 등을 할 수 있으며, 9~12세 연령의 학생들은 거실 바닥 쓸기, 자기 옷 중 일부 빨기, 개인 청결과 관련된 모든 일 등을 할 수 있으니, 부모는 자녀들에게 알맞은 역할을 부여해주는 것도 책임감과 협동심을 기르는 데 도움을 줄 수 있다. 성인이 된 자녀와 배우자에게는 대화와 민주적인 토론 방법을 통해 역할의 폭과 범위를 더 넓혀 역할 분담을 한다.

• 노력 2: 민주적인 방법으로 의사결정 하기

가족의 중요한 일은 함께 의논하여 결정해야 한다. 이 과정에서 서로의 의견을 인정하고 존중하는 것이 무엇보다 중요하다. 부모와 자녀와의 관계에 있어서도 서로 다른 사회와 문화적 환경에서 살아왔기 때문에 서로 이해하기 어려운 상황이 생기기도 한다. 이에 따라 위 부모는 권위를 내세우기 보다는 아래 세대의 생각과 행동을 인정하고 존중해야 합니다. 또한 자녀도 부모님의 경험을 존중함으로써 부모와 자녀 간의 민주적인 관계를 만들기 위하여 노력해야 한다.

• 노력 3: 양성평등한 가족 관계 만들기

건강가정을 만들기 위해서 셋째, 양성 평등한 가족관계를 만들기 위해서 노력해야 한다. 양성 평등한 가족이란 가정의 모든 의사 결정에 있어

가족 구성원 중 어느 한 성별에 책임과 권리가 치우치지 않도록 남성과 여성의 평등한 가족관계를 말한다. 특히 부부관계에 있어서 가사 노동과 자녀를 양육하는 데 있어 역할을 합리적으로 분담해야 한다.

• 노력 4: 가족 구성원별 다양한 관계에서 노력하기

건강 가정을 만들기 위해서 넷째, 가족 구성원별 다양한 관계 간의 서로의 노력이 필요하다. 먼저 부부관계에 있어서 가사와 육아 등 서로 협의하여 공평하게 분담하는 것이 바람직하며, 배우자를 인격적으로 존중하고 배려하도록 노력해야 한다.

부모와 자녀관계에 있어서는 민주적인 의사소통을 통해 서로 친밀감을 유지하도록 노력해야 한다. 형제자매의 관계는 가족관계 중 가장 오랜 기간을 함께 하는 관계이다. 이에 따라 많은 일에 있어 협력하고 타협하며, 양보하며 함께 발전할 수 있도록 노력해야 한다. 조부모와 손자녀의 관계는 가족 안에서 나이 차가 가장 크게 나는 관계로 세대 차이에 따른 어려움이 있을 수 있다. 이에 따라 자주 찾아뵙고 여가를 함께 하며, 세대 간의 차이를 좁히도록 노력해야 한다.

출처: 초등학교 [사회] 3~4학년군-가족의 모습과 역할 변화 재구성

수업운영 Tip	아래 활동(토론하기, 생각하기, 조사하기) 3가지 중 수업 시간, 환경, 학생들의 상황을 고려하여 1~2가지 선택하여 적용하기.

퀴즈 풀기

퀴즈를 통해 해당 내용을 정리해 보아요.

1. 가족 구성원의 욕구가 충족되고 인간다운 삶이 보장되는 가정을 뜻하는 용어는?

   [ ]

2. 건강한 가정생활의 영위와 가족의 유지 및 발전을 위한 국민의 권리·의무와 국가 및 지방자치단체 등의 책임을 명백히 하고, 가정문제의 적절한 해결방안을 강구하며 가족구성원의 복지증진에 이바지할 수 있는 지원정책을 강화함으로써 건강가정 구현에 기여하는 것을 목적으로 만들어진 법은?

   [ ]

체험 하기

• 드라마 [며느라기]를 통해 본, 기성세대 부모와 신세대 아들 · 며느리 간의 가족문화 방식의 차이로 인해 빚어지는 갈등 상황을 간접적으로 접해보고, 이를 해결하는 건강가정 만들기 프로젝트를 수행해 보자.

관련영상보기

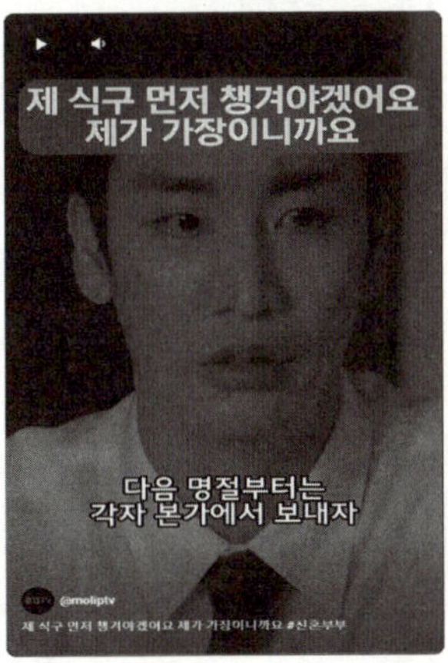

[체험수업 운영 방법]

- 4인 1조로 조 편성을 한다.
- 역할 배정; 아버지, 어머니, 아들, 며느리
- 각자의 입장에 대해 이야기 나눈다.
- 문제상황을 명료하게 정리한다.
- 문제상황을 해결할 수 있는 대안을 마련하여 드라마의 다음 장면을 연출한다.

[캐릭터 소개]

- 어머니: 며느리로서, 아내로서, 엄마로서 평생을 희생하며 살아왔다. 맏며느리를 맞이해 좀 편해지려나 기대했는데, 신세대 며느리, 나와 생각이 다르다.
- 아버지: 아내와 아들 · 며느리 사이에서 난처하다. 하지만 아내 편을 들어야 가정이 평안하다. 그래도 며느리 편만 드는 아들놈이 괘씸하고, 평생 시집살이 해오던 아내가 며느리에게는 눈치를 보니 안타까운 마음도 든다.
- 아들: 이제 가정을 꾸렸으니, 자기 식구를 먼저 챙겨야 한다고 생각한다. 그리고 자기 식구는 부모가 아닌, 아내라고 생각한다.
- 며느리: 신세대 커리어 우먼으로 활발한 사회생활을 하고 있다. 시어머니를 도와 음식을 하기 싫어서가 아니라 결혼을 했단 이유로 얼굴 한 번 본적 없는 시댁의 조상님들 제사까지 챙겨야하는 것이 불합리하다고 생각한다.

•

•

•

제 9 장

부모 역할과 자녀 양육

수업목표

- 자녀의 발달에 중요한 영향을 미치는 부모의 역할을 인식하고, 이를 바탕으로 적절한 양육 전략을 도출할 수 있다.
- 맞벌이 부부가 행복하게 육아를 할 수 있는 다양한 전략과 기술을 학습하고, 실제 적용 가능성을 고려하여 그 효과를 평가할 수 있다.

주제어

자녀 양육, 부모 역할, 맞벌이 부부

1. 부모의 역할

부모는 아이들에게 최초의 교사라고 한다. 부모들은 누구나 자신의 자녀를 잘 기르고 싶은 생각을 가지고 있다. 그러나 요즈음과 같은 시대에 자녀를 잘 기른다는 것은 쉬운 일이 아니다. 아이들의 특성을 이해하고 이들의 특성에 적절한 교육 방법을 성숙된 방법으로 해결해 가는 것이 현명한 부모의 역할이라 볼 수 있다.

▣ 부모교육은 왜 필요한가?

1) 자녀양육은 저절로 되는 것이 아니다. 바람직한 부모역할 수행과 자녀양육에 대한 바른 가치관을 형성하기 위해 부모는 끊임없이 배우는 자세를 가져야 한다. 올바른 자녀교육 지침을 이해하고, 아동발달이론과 심리를 배우면서 자신감을 가지고 자녀 양육에 임하는 자세가 중요하다.

2) 부모는 민주적 양육을 위한 전략을 배워야 한다. 자녀교육 방법은 시대에 따라 변할 수밖에 없고 아동의 성향도 사회의 변화에 따라 다양하게 나타나고 있으며 사회가 우리의 자녀에게 미치는 영향의 범위도 더욱 증대되고 있다. 우리의 부모 세대가 우리들에게 사용했던 권위주의적 양육방법은 적절하지 않으며 현대의 부모들은 민주적 양육을 위한 전략을 배워야 한다. 지나치게 허용적인 자세나 권위적인 태도보다는 자녀의 감정과 정서에 공감하고 상호소통적인 부모-자녀 관계를 형성하는 것이 중요하다.

3) 부모의 양육태도에 대한 객관적 평가가 중요하다. 부모는 다양한 정보를 가지고 자녀 양육에 참여해야 한다. 자녀 양육 시 부모는 자신의 양육태도나 자녀의 행동에 대해 주관적이고 절대적인 평가를 내리기 쉽다.

2. 자녀의 가능성을 키워주는 양육법

아이들의 정서능력 발달시키기 오늘날 젊은 부모들은 유아의 지능 발달을 우선시하여 일찍부터 읽기, 쓰기, 셈하기를 시키고 만족스럽지 못하면 조바심을 갖는다. 이러한 학업에 대한 과중한 부담은 오히려 유아들에게 부작용을 가져오게 한다. 유아기의 긍정적인 정서발달은 자신에 대한 긍정적 사고를 갖게 하여 다른 사람과의 관계를 원만하게 할 뿐 아니라 이후의 학업 성취에도 긍정적 영향을 미치게 한다. 아이들에게 무엇을 가르치려고 하기 이전에 먼저 아이 스스로가 자기 자신의 가치를 인정하고 존중하여 자신에 대한 긍정적 사고를 갖도록 하는 것이 더욱 중요하다는 것을 항상 염두에 두어야 한다.

잘 듣는 태도가 중요하다. 유치원에서 돌아온 아이가 하는 말에 건성으로 듣거나 대답하지 말고 반드시 눈을 쳐다보고 반응해 주어 진지하게 경청하고 있음을 보여주도록 한다. 다른 일에 집중하면서 "내가 듣고 있으니까 말해봐" 하는 식의 태도는 말하고 싶은 마음을 중단하게 만든다.

작은 것에서부터 시작한다. 가끔 주제를 정해놓고 정해진 시간에 집중적으로 대화를 하는 것도 필요하겠지만 아이들과의 대화는 평소에 아주 평범하고 작은 것 즉, 동네 친구나 유치원 친구들, 장난감, 의식주에 관련된 일과 같은 생활 속의 이야기들로부터 출발한다.

부모가 가진 감정을 솔직하게 표현한다. 자녀 양육에 있어서 자녀가 자신을 기쁘게 혹은 화나게 한다는 사실을 아이들에게 솔직하게 표현하는 자세가 필요하다. 부모의 감정이 자녀에게 잘 전달될 수 있도록 해야 하며 부모도 때로는 화가 난다는 사실에 대해 부끄러워할 필요가 없다. 다만 감정조절을 통해 적절한 방법으로 표현하는 것이 바람직하다

훈계하는 말을 줄이려는 노력이 필요하다. 부모는 자녀들이 잘해주기를 바라는 욕심 때문에 비판적이기 쉽고 간결하게 이야기하기보다 긴 훈계를 하기가 쉽다. 다른 아이들과 비교하고, 위협하고, 비웃는 식의 이야기나 잔소리를 가급적 줄이고 아이가 하고 싶은 말을 잘 들어 줄 수 있는 부모가 자녀의 마음을 열게 만들 수 있을 것이다

공감하는 부모가 된다. 아이가 솔직하게 말할 때 야단을 맞게 되면 아이는 다음부터 부모에게 말할 필요를 느끼지 못할 것이다. 작은 부분에서 아이의 감정을 인정하고 공감해 주면 아이는 나의 마음을 잘 이해해 주는 사람이 있다고 느낌으로써 안정된 정서를 가지게 될 뿐 아니라 원활한 의사소통을 하게 될 것이다.

출처: 정정희(2023), 「아이들의 가능성을 키워주는 부모 역할」

3. 맞벌이 부부의 행복한 육아 전략 4가지

엄마도 바쁘고, 아빠도 바쁜 경우가 있다. 아이는 엄마 아빠를 보고 싶어 한다. 이때 꼭 생각해야 할 4가지를 기억하자.

1) 아이에게 충분한 스킨십을 한다.

맞벌이 가정에서는 아이와 함께 보내는 시간이 적기 때문에, 함께 있는 시간 동안 아이에게 충분한 스킨십을 제공하는 것이 중요하다. 짧은 시간이라도 아이가 부모의 사랑을 충분히 느낄 수 있도록 포옹이나 쓰다듬기 같은 스킨십을 자주 해주어라.

2) 아이에게 늘 사랑한다고 이야기한다.

아이와 헤어질 때에는 항상 사랑한다고 이야기해 주어라. 아이가 4살

정도가 되면 부모가 낮 시간 동안 회사에 갔다가 다시 돌아온다는 것을 이해할 수 있다. 하지만 여전히 부모와 함께 있고 싶어 할 것이다. 아이가 부모와 떨어져 있어도 여전히 사랑받고 있다는 것을 느낄 수 있도록 출근 전에 "엄마가 회사 가서도 우리 ○○이 생각 많이 할게"와 같은 말을 해주어라.

3) 아이를 맡길 대리 양육자와 친밀해지는 시간을 가진다.

복직을 준비하는 엄마들은 아이를 할머니나 베이비시터, 교육기관에 맡기게 된다. 복직과 동시에 아이를 맡기기보다는, 먼저 아이가 대리 양육자와 친밀해질 수 있는 시간을 충분히 가지는 것이 중요하다. 또한 부모가 대리 양육자와 친밀하게 지내는 모습을 보여주면 아이도 대리 양육자나 교사에게 친근감을 느끼게 될 것이다.

4) 부모가 하는 일에 대해 아이가 이해할 수 있도록 설명해 준다.

아이는 부모가 자신과 떨어져 있는 동안 무엇을 하는지 궁금해할 수 있다. 부모가 하는 일을 직접 보여주거나, 아이가 이해할 수 있게 설명해 주어라. 이를 통해 아이는 부모의 일을 긍정적으로 생각하고 존경심을 가지며 성장할 수 있다.

이와 같은 네 가지 방법을 통해 맞벌이 가정에서도 아이와 건강한 애착을 형성하고, 아이가 안정감을 느낄 수 있도록 도와줄 수 있다.

생각 하기

자녀 양육, 힘든 이유가 과연 맞벌이, 국가의 지원 부족, 도와줄 사람이 없어서일까? 3가지 사례를 통해 미래의 모습을 성찰해보기…

사례1. 좋은 예	사례2 나쁜 예	사례3. 부모에 의지 예
관련영상보기	관련영상보기	관련영상보기

4. 국가와 기업의 '가족친화제도' 알아보기

국가와 기업이 제공하는 가족친화제도는 근로자들이 가정과 직장 생활을 조화롭게 병행할 수 있도록 돕기 위해 마련된 다양한 정책과 프로그램을 포함한다. 이러한 제도들은 근로자의 삶의 질을 향상시키고, 일과 가정의 균형을 맞추기 위해 고안되었다. 주요 가족친화제도는 다음과 같다.

1) 육아휴직제도

'육아휴직제도'란, 부모가 자녀를 양육하기 위해 만 8세 이하 또는 초등학교 2학년 이하 자녀 양육을 위해 휴직할 수 있는 제도이다. 기존엔 엄마와 아빠가 각각 1년씩 사용 가능했는데, 2024년부터 1년 6개월까지 사용 가능하도록 육아휴직 기간이 연장되었다. 특히 2024년부터 적용되는 일명 '6+6 부모육아휴직제'에 대해 알아둘 필요가 있다. 2024년 개정된 고용보험법시행령에 따른 제도로써 정부가 저출산과 맞벌이 부모의 고충을 덜어주기 위해 기존 3+3 육아휴직제를 좀 더 강화한 제도인데, ① 생후 18개월 이내 자녀에 대해, ② 부모가 모두 육아휴직을 하는 경우, ③ 각 부모의 최초 육아휴직일 6개월까지는 통상임금의 100% 수준(상한액 존재)으로 급여를 지급하는 제도이다.

> **제95조의3(출생 후 18개월 이내의 자녀에 대한 육아휴직 급여 등의 특례)** ① 제95조제1항 및 제95조의2제1항·제2항에도 불구하고 같은 자녀에 대하여 **자녀의 출생 후 18개월**이 될 때까지 피보험자인 **부모가 모두 육아휴직을 하는 경우**(부모의 육아휴직기간이 전부 또는 일부 겹치지 않은 경우를 포함한다) 그 부모인 피보험자의 육아휴직 급여의 월별 지급액은 다음 각 호의 구분에 따라 산정한 금액으로 한다.
>
> 1. **육아휴직 시작일부터 6개월까지**: 육아휴직 시작일을 기준으로 한 각 피보험자의 **월 통상임금에 해당하는 금액**. 이 경우 그 월별 지급액의 상한액은 다음 각 목의 구분에 따르며, 그 월별 지급액의 하한액은 부모 각각에 대하여 70만원으로 한다.
>
> 고용보험법 시행령

즉, 자녀연령, 지원기간, 급여 상한액 모두 확대되는 것으로, 2024년 고용보험법 개정은 부모 맞돌봄 문화의 확산을 위해 이루어진 것이라고 볼 수 있다.

이상과 같은 제도들은 일과 가정이 양립할 수 있는 근무환경을 만들고 이를 통해 건강한 가정과 일의 균형 지속을 목적으로 한다.

2) 출산휴가 및 태아검진휴가

'출산휴가'는 임신한 여성이 출산 전후로 총 90일의 휴가를 사용할 수 있다. 쌍둥이나 다태아의 경우 더 긴 휴가를 사용할 수 있으며, 한 번에 사용하거나 분할(예: 산전 45일, 산후 45일)해서 사용할 수 있다. 이 기간 동안에도 일정 금액의 출산휴가 급여도 받을 수 있다.

이와 더불어 '태아검진휴가'도 신청이 가능하다. 임신한 여성이 태아의 건강을 위해 정기적인 검진을 받을 수 있도록 휴가를 사용하는 제도로, 임신초기에서 임신 28주까지 4주마다 1회, 29주~36주까지 2주마다 1회, 37주 이후 1주마다 1회 이렇게 휴가를 사용할 수 있다.

3) 가족돌봄휴가 및 휴직

'가족돌봄휴가'란, 근로자가 가족 구성원(조부모, 부모, 배우자, 자녀, 손자녀)의 질병, 사고, 노령 등으로 인해 돌봄이 필요할 때 2024년 기준 연간 최대 20일의 휴가를 사용하는 제도이다. 일 단위로 나누어 사용 가능하며 무급휴가이지만 근속 기간에 포함된다.

'가족돌봄휴직'이란 근로자가 자녀(만 18세 이하)의 돌봄이 필요할 경우 휴직 신청이 가능한 제도로 최대 90일, 최소한 1회 기간은 30일 이상, 무급 휴직을 사용할 수 있으며 이 기간은 휴가 기간에 포함된다.

4) 유연근무제

탄력근무제라고도 불리는 이 제도는 근로시간을 자율적으로 조정할 수 있는 제도로, 출퇴근 시간을 자유롭게 선택할 수 있다. 필요에 따라 집에서 근무할 수 있는 재택근무제도도 있으며, 이는 육아와 가사 부담을 줄일 수 있다.

'육아기 근로시간 단축제도'도 있다. 이는 근로자가 자녀 양육을 위해 근무시간을 단축해 근로를 이어가는 제도를 말한다. 2023년 현행 기준, 8세 이하(2학년 이하 자녀)의 육아가 필요한 자녀로 제한했는데 2024년에는 12세 이하(6학년 이하 자녀)로 개정되고, 육아기 단축근무 기간의 경우 기존 최대 2년에서 최대 3년으로 기간이 더 확대된다. 2024년 하반기 및 10월경 효력이 발생할 것으로 보고 있는데 정확한 시점은 사전에 정부에서 공식 발표를 거칠 것으로 보인다. 육아기 근로시간 단축 시간은 주당 15시간 이상, 35시간 미만을 기준으로 하고 있다. 즉, 육아휴직을 사용하지 않은 경우 최대 2년까지 신청이 가능한데, 주 5일 근무제일 경우 하루 3시간 이상, 7시간 이하로 근무가 가능하다. 또한 근로시간을 줄이면서 임금도 비례하여 감소하지만, 국가에서 일부 보전해주는 지원금을 받을 수 있다. 기간은 나누어 사용할 수 있으며, 1회 기간은 3개월 이상이 되어야 한다. 그리고 단축근무 시간은 기업과 사용자(회사)가 협의를 통해 조정할 수 있다. (근거법령: 「남녀고용평등과 일·가정 양립

지원에 관한 법률」 제19조) 이외에도 1일 소정근로시간(8시간)을 준수하고 출퇴근 시간을 자유롭게 운영할 수 있는 유연근무제도인 '시차출퇴근제' 등도 있다.

5) 가족친화기업 인증제도

기업이 가족친화적인 정책을 적극적으로 도입하고 운영하는 경우, 여성가족부에서 가족친화기업으로 인증한다. 인증을 받은 기업은 출입국 우대카드를 발급받아 전용 보안검색대 및 출입국 우대심사대를 이용할 수 있고, 중앙부처, 지방자치단체, 은행 등이 지원하는 각종 정부 지원을 받을 수 있다.

가족친화 인증마크

- 인증대상: 가족친화를 모범적으로 운영하는 기업, 공공기관 등
- 신청제한: 업력 1년 이하 및 상시근로자 5인 미만 신청 불가
- 인증기준: 최고경영자의 리더십, 가족친화실행제도, 가족친화경영만족도 등을 평가하여 일정 점수를 획득한 경우 인증 부여
- 인증기간: 신규 인증 3년-유효기간 연장 2년-재인증 3년
- 혜택내용: 가족친화인증 컨설팅 지원 및 정보 사업 지원 시 각종 가점 부여

Best Family Friendly Management

가족친화 우수기업

소개영상

6) 직장어린이집 설치 지원

일정 규모 이상의 기업은 직장 내 어린이집을 설치하도록 권장되며, 이에 따른 비용을 국가에 일부 지원받을 수 있다. 이를 통해 근로자들이 안심하고 자녀를 돌볼 수 있다.

7) 부모교육 및 상담 서비스

정부 및 지자체는 부모를 위한 교육 프로그램과 상담 서비스를 제공하여, 자녀 양육과 관련된 다양한 정보를 제공하고 지원한다. 대표적인 예로 학교나 교육청에 속해있는 위(Wee)센터, 과거 동사무소로 불리던 행정복지센터 등과 같은 기관에서 부모교육 특강 및 관련 프로그램을 운영·지원하거나, 바우처 국가지원사업으로 소득수준에 따라 혹은 소득기준 없이 각종 심리 상담지원 서비스를 제공하고 있다.

이상과 같은 제도들은 대한민국의 근로자들이 가정과 직장 생활을 균형 있게 유지할 수 있도록 돕고, 출산과 육아에 대한 부담을 줄이는 데 기여하고 있다. 국가와 기업의 적극적인 지원을 통해 가족 친화적인 근로 환경을 조성하는 것이 목적이다.

출처: 여성가족부

조사 하기

우리나라 정부와 기업들이 가족친화 사회를 만들기 위해 지원하고 있는 내용이나 제도를 좀 더 조사하여 발표해 보자.

〈예시〉

가족친화 인증마크

관련영상소개

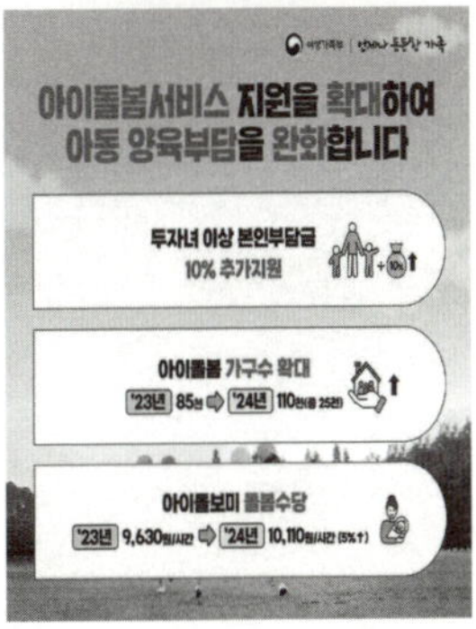

부모의 맞벌이 등의 사유로 양육 공백이 발생한 가정의 만 12세 이하 아동을 대상으로 아이돌보미가 찾아가는 돌봄 서비스를 제공하여 부모의 양육 부담을 경감하고 저출산 해소에 기여하는 사업

- 영아종일제 서비스: 만 3개월 이상~만 36개월 이하 영아
- 시간제서비스: 만 3세 이상~만 12세 이하 아동
- 질병감염아동 특별지원: 전염성 질병아동 지원(정부미 지원 가구도 50% 정부지원 가능)

- 신청방법

- 행정복지센터 방문 혹은 복지로 홈페이지 신청, 국민행복카드 발급

•

•

•

•

수행 활동  **나는 이런 아버지, 어머니가 되고 싶다. [상상글 쓰기]**

• 결혼 25년 차, 나는 대한민국의 평범한 아버지(혹은 어머니)이다. 나는 ○남 ○녀 총 ○명의 자녀를 두었다. 큰아이는 나이가 올해 ○살로 …

상상 글쓰기

… 나는 이렇게 사랑하는 아내(남편)와 함께 아이들의 어머니(혹은 아버지)로 살고 있다.

제 10 장

노화, 나이 듦

수업목표

- 고령화 사회의 특징과 그로 인한 사회적 변화를 이해하고 설명할 수 있다.
- 노년기에 대한 긍정적인 시각을 형성하고, 이를 통해 사회적 책임과 지원의 필요성을 인식할 수 있다.
- 노년기 부부간의 관계 변화와 이에 대한 적응 과제를 분석하고 이해할 수 있다.
- 행복한 노년기 부부관계를 유지하기 위한 전략을 학습하고, 실제 상황에서 적용할 수 있는 능력을 키울 수 있다.

주제어(핵심개념)

노년기, 황혼, 웰다잉, 초고령, 고령화

1. 고령사회의 의미

초고령사회 눈앞에 두고 있는 대한민국

UN(국제연합)의 기준에 따르면 전체 인구에서 65세 이상이 차지하는 비율인 고령자 인구 비율이 7% 이상이면 고령화 사회, 14% 이상이면

고령사회, 20% 이상이면 초고령사회로 구분된다. 대한민국은 65세 이상에 해당하는 '고령인구'가 2023년도보다 46만여 명 늘어난 973만 명으로, 전체 인구의 19.0%를 차지했다. 전체 인구 대비 고령인구 비율은 2015년 13.2%, 2020년 16.4%, 2022년 18.0% 등 매년 높아지는 추세이다.

2. 노년기 부부관계의 변화와 적응과제

노년기는 인간의 기대수명 연장으로 기혼자의 삶에서 부부만 생활하는 시기가 가장 길 것이며, 건강상 신체 기능 약화 등의 이유로 배우자의 중요성은 연령이 높을수록 더 커진다.

1) 노년기 부부관계의 중요성 변화

- 자녀 양육 역할의 감소와 신체 건강 악화 등으로 인해 부부관계가 변하게 된다.
- 지출이 감소하고 부부가 함께하는 시간과 상호작용 기회가 늘어나면서 부부관계가 이전보다 긍정적으로 변할 가능성이 있다.
- 그러나 부부가 함께하는 시간이 늘어나는 것이 오히려 긴장과 갈등을 증가시켜 관계가 부정적으로 변할 가능성도 존재한다.

노년기 은퇴를 맞이함과 심리적인 노화의 특징을 이해한다면 부부관계 개선에 도움이 될 것이다.

〈표 10-1〉 노년기 은퇴, 심리적 노화의 특징

은퇴	심리적 노화
• 은퇴는 소득의 감소를 가져옴과 동시에 일과 관련되어 맺어왔던 다양한 사람들과의 관계를 약화시킴 • 일상의 재구조화의 문제에 직면 • 은퇴로 인한 정체성이나 사회관계의 축소 등으로 인한 문제는 남성이 훨씬 크게 경험 • 부부가 같은 공간에서 많은 시간을 함께 보내게 되고 이에 덧붙여 감소된 수입에 적응하는 것은 부부 간 갈등의 원인이 될 수 있다.	• 개인 안의 남성성과 여성성이 균형을 이루는 성숙과정 • 남성은 그동안 억눌려 왔던 여성성이 발현되어 보다 친밀하고 양육적으로 변화하고, 여성은 억눌려 왔던 남성성이 발현되어 독립성과 자기주장성이 커지게 됨 • 부부 갈등의 요인이 되기도 함

노년기 부부 관계의 큰 특징으로 결혼 만족도가 향상되기도 한다.

• 결혼 만족도에서 생애과정에 따른 U자형 패턴을 보임. 즉, 결혼 초기의 수준까지 회복되어 '제2의 신혼기'를 맞이하게 된다고 주장함
  : 자녀에 대한 책임감소, 직업 역할에서 벗어나 부부만의 시간이 길어짐
• 각종 관련 연구 결과
  : 노년기 부부들이 중년기 부부보다 부부관계에서 분노, 혐오, 호전성, 푸념 등 갈등은 더 적고, 애정은 더 높아지는 것으로 나타남

이를 다음과 같이 해석할 수 있다.

① 장기간의 결혼 생활을 통해 상대방의 행동이 변화하거나 갈등의

소지가 될 수 있는 문제들이 소멸될 가능성이 있음

② 갈등이 습관화됨에 따라 이에 대한 민감성이나 부정적 영향이 완화될 가능성이 있음

③ 연령이 증가됨에 따라 사회정서 선택성이 증가하여 최적의 정서 상태를 유지하고자 하기 때문에 강한 말다툼을 하면서까지 갈등을 해결하고자 하지 않기 때문

2) 노년기 부부관계의 해체

하지만 노년기에도 부부관계가 해체되는 경우가 있다.

▣ 노년기 이혼

• 수명연장으로 부부가 함께해야 하는 기간이 길어짐, 연금제도변화로 인한 경제적 보상 가능성 확대(1999년 분할연금제도 도입), 이혼에 대한 부정적 인식 감소

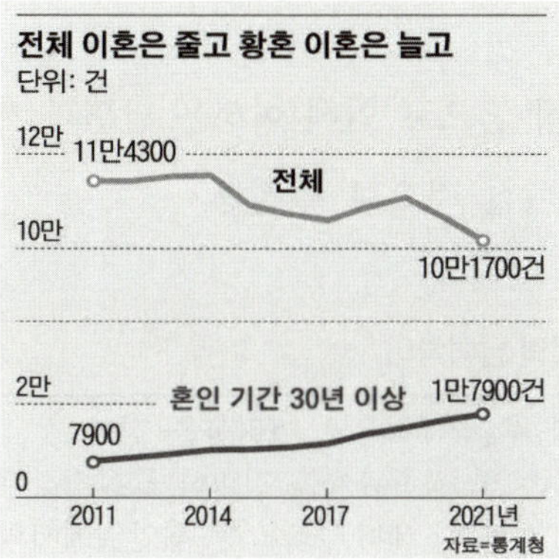

통계청 '혼인 · 이혼 통계'에 따르면, 2021년에 30년 이상 결혼 생활을 하다 이혼한 부부는 전체 이혼 건수에서 17.6%를 차지했다. 2011년엔 7.0%에 불과했던 황혼 이혼이 10년 새 10% 이상 증가한 셈이다. 2011년 11만 4,300건이었던 이혼 건수가 2021년 10만 1,700건으로 1만 건 이상 줄어든 반면, 황혼 이혼은 2011년 7,900건에서 2021년 1만 7,900건으로 크게 늘어난 것도 주목된다.

* 황혼 이혼: 법적, 제도적 차원에서 통용되는 용어는 아님 '20년 이상 동거한 부부들이 이혼하는 것'을 가리키는 용어로 사용됨

[그림 10-1] 전체 이혼 대비 황혼 이혼 비율

－노년기 이혼에 대한 적응 특징

• 이혼에 따른 영향은 재정적 어려움, 사회적 관계의 축소로 인한 지원망 감소, 사회적 편견, 정서적 외로움, 그리고 '누구의 아내 혹은 남편'으로 자신을 정의하던 것에서 벗어나는 것 등

• 여성이 남성보다 경제적 측면에서 더 어려움을 경험함에도 불구하고, 전반적인 적응 수준은 더 높음

➢ 여성이 먼저 이혼을 제안하기 때문. 이혼을 제안한 사람의 경우 그렇지 않은 사람에 비해 이혼으로 인한 어려움을 시기적으로 먼저 경험하기 때문에, 이혼 후 적응 수준이 높다고 함

➢ 노년기 이혼은 대체로 여성이 제안하는 비율이 높음

• 남성 노인의 삶에서 배우자가 중요한 지원의 원천이라는 점도 남성 노인들의 이혼에 대한 적응을 어렵게 함

▣ 노년기 사별

남녀의 기대수명의 차이 및 남성 연상 혼으로 인해 여성은 남편과 사별 후 홀로 지내는 시기가 상당히 길어질 것으로 추정됨.

〈표 10-2〉 사별로 인한 객관적 · 주관적 기준에서의 남녀차이

객관적 기준에서의 남녀 차이	• 여성 노인의 경우 사별 후 경제적으로 어려움을 경험 • 사별 이후 남성들은 가족 및 친족관계를 긴밀하게 유지하는데 어려움, 식사 준비, 설거지, 세탁, 청소 등 집안일에서의 어려움을 경험
주관적 기준에서의 남녀차이	남성노인이 여성노인 보다 사별로 인한 심리적 어려움을 더 크게 경험, 남성이 여성보다 더 우울해하며 사망률도 더 높음을 보고함 ➢ 사별의 규범성이 남녀에게 다르게 작용함 ➢ 여성의 경우 노년기 사별은 예측 가능하기 때문에 예기 사회화가 가능함 • 여성노인은 사별자와 기혼자 간 우울 정도에서 차이가 없는 반면, 남성노인은 기혼자에 비해 사별자들의 우울 정도가 더 높은 것으로 나타남

출처: 이민아(2000)

▣ 노년기 재혼

통계청에 따르면 2020년 60세 이상 황혼 재혼 인구는 9,938명으로 2010년(6,349명)보다 57% 늘었다. 남성이 6,129명, 여성이 3,809명이다. 2000년(2,832명)과 비교하면 250% 이상 증가했다. 사상 최저 수준으로 떨어진 전체 결혼 건수와는 반대의 움직임이다. 이는 고령인구의 증가와 함께 이른바 '황혼 로맨스'에 대한 사회적 인식이 달라졌기 때문이다. 고령층의 체력이 과거보다 향상됐고, 개인의 행복을 중요시하면서 자녀의

눈치를 보지 않고 짝을 구하려는 경우가 늘었다.

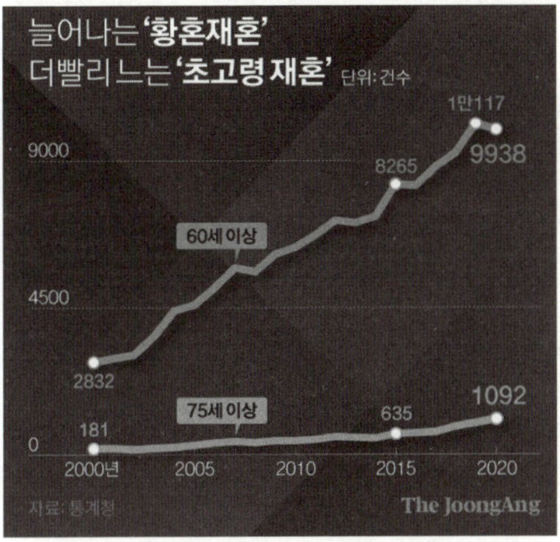

[그림 10-2] 노년기 재혼 실태

▣ 노년기 졸혼

졸혼(卒婚)이란 한자에서 보듯이 결혼을 졸업한다는 뜻이다. 이혼과 다른 점은 이혼은 법적으로 완전히 남남이 되는 것이지만 졸혼은 실제적인 부부관계는 청산하지만 법적으로는 아직 부부 사이인 것을 말한다.

생각하기

졸혼(卒婚)을 어떻게 바라보는가?
각자 생각해 보고, 이야기 나눠보자.

작가 이외수(73)-전영자(67) 부부가 결혼 44년 만에 '졸혼'(卒婚)을 선택했다.

현재 이 작가는 강원도 화천에, 전 씨는 춘천에 살고 있다고 우먼센스는 전했다. 두 사람 사이에는 아들이 2명 있다. 전 씨는 우먼센스와의 인터뷰에서 "건강이 나빠지면서 여러 생각이 들었다. 남편이 이혼을 원치 않아 졸혼으로 합의했다"라며 "지금이라도 내 인생을 찾고 싶었다. 잘 해낼 수 있을지 걱정이 되지만 마음은 편안하다"라고 담담한 심경을 밝혔다. '괴짜', '기인'으로 불리는 이 작가는 뚜렷한 자신만의 문학세계를 구축해왔으며 전 씨는 이러한 이 작가에게 무조건적인 희생과 사랑으로 내조를 해온 것으로 유명하다. 부부는 그동안 언론 매체를 통해 "이혼 위기를 몇 차례 넘겼다"라고 말했다. 2017년에는 KBS 2TV 예능 '살림하는 남자들'에 출연해 평온한 노년 부부의 모습을 보여주며 감동을 주기도 했으나 결국 졸혼 소식을 알렸다.

(※ 작가 이외수는 2022년 암 투병 중 세상을 떠나 지금은 고인이 되었다.)

출처: KBS 뉴스 2019.04.22.

3. 노년기 행복한 부부관계를 위한 전략

노년기 행복한 부부관계를 형성하기 위해 다음의 실천이 필요하다.

- 첫째, 현실이해와 수용이다. 건강의 쇠퇴나 수입 감소 등 부부가 처한 부정적인 상황들을 그대로 이해하고 수용, 인정하는 것이 필요하다.
- 둘째, 역할의 재조정이다. 가사를 포함하여 부부 서로 간의 일에 대해 어떻게 협력하고 분담할 것인지를 부부가 함께 의논하고 결정하여 역할을 보다 융통성 있게 조정하는 것이 필요하다.
- 셋째, 부부관계의 재정비이다. 서로 격려하고 인정해 줌으로써 보다 정서적이고 심리적으로 친밀한 관계가 되도록 노력하는 것이 필요하다.
- 넷째, 부부 상호작용의 활성화이다. 남편과 아내가 서로의 신체적, 생리적 노화현상을 이해해 주고 어려움을 타개해 나갈 수 있도록 돕는 것이 필요하다.
- 다섯째, 부부공동의 활동과 독립된 영역을 구분한다. 부부가 함께 참여하고 즐길 수 있는 공동의 작업을 개발함과 동시에 남편과 아내 각자가 즐기고 몰두할 수 있는 독립된 영역을 가지는 것이 필요하다.
- 여섯째, 노년기 부부의 성적적응도 필요하다. 노화로 인한 생리적 변화를 이해하고 수용함으로써, 정서적으로 만족스러운 성적 적응을 하는 것이 필요하다.

4. 노년기 부모와 성인 자녀 관계의 변화와 적응과제

노년기에 접어들면서 부모와 성인 자녀 간의 관계는 새로운 도전과 변화에 직면하게 된다. 이러한 변화를 이해하고 적응하기 위해 다음의 8가지 과제를 제안한다.

• 부모 · 자녀 관계는 장기간에 걸쳐서 맺어지는 유대이지만, 동시에 끊임없이 변화하는 관계이다.
• 노부모와 성인 자녀 관계는 젊은 부모와 어린 자녀 관계와 같을 수 없고 같아서도 안 된다.
• 그러나 동일 인물들 간의 관계라는 특성 때문에, 부모와 자녀 각자가 서로의 발달단계에 맞추어 상대방과 자신의 역할에 대한 기대를 적절히 조정하기는 쉽지 않다.
• 부모가 노쇠해져서 의존적이 되면, 부양 주체인 자녀로부터 노부모에게 일방적으로 자원이 흐르게 되며 노부모와 자녀 간의 관계는 형평성을 잃게 된다.
• 이 상황에서 노부모가 자녀에게 줄 수 있는 것은 고마움을 표현하는 정서적 지원이다.
• 고마움의 표현은 상대방에게 정서적인 충족감 제공 및 권력과 지위를 부여하는 의미를 지닌다.
• 부모가 고마움의 표현을 보답하지 않을 때, 부모 자녀 간의 현재적 호혜성은 균형을 잃고, 노부모와 성인자녀의 관계는 갈등 상황에 처하게 된다.
• 부양 형태 결정에 부모 및 자녀의 성격과 관계의 질은 중요하게 고려되어야 할 변수이다.

출처: 한경혜 외(2019), 「노년학」

생각하기

현대사회라는 문화의 테두리에서 자주 발생하는 성인 자녀와 노부모의 관계 문제를 생각해 보고, 이야기 나눠보자.

[문제사례 예시]
• 노부모 부양을 거부하는 성인자녀, 그리고 갈등
• 현대사회에서 변화된 시어머니와 며느리 관계
• 독립하지 않고 노부모에게 의존하며 사는 성인 자녀

5. 홀로됨, 웰다잉

1) '웰다잉'이란?

현대사회에서는 수명연장과 가족문화 변화 등의 이유로, '잘 사는 것' 못지않게 '잘 죽는 것'에 대한 고민이 늘고 있다.

서울대학교 서이종 교수는 생애 말기에 삶을 의미 없이 연장하는 것보다 인간답게, 즉 "가치"있게 "의미"있게 "존엄"하게 마무리하는 것, 즉 웰다잉(善終)이 진정한 웰빙이라고 하였다(서이종, 2023). 이러한 방향은 이미 시민사회의 주도로 법적으로 명시되었다. 2009년 대법원은 김 할머니 사건에 대한 판결을 통해, 날로 심화되는 의료환경에서 생애 말기 무의미한 연명의료를 강행하는 생명 연장이 아니라 중단 혹은 유보하는 자기결정이 오히려 헌법에서 보장된 온 국민의 행복추구권에 부합한다고 천명하였기 때문이다. 이러한 판결은 생애 말기(임종기)에 한정하였지만, 환자의 자기결정을 존중하지 않는 의료법적 현실과 극명하게 대비

된다. 그 결과 2016년 2월 공표된 호스피스·완화의료 및 임종 과정에 있는 환자의 연명의료 결정에 관한 법률은 생애 말기에서뿐만 아니라 그 이전 즉 건강할 때도 자신의 가치 규범과 종교에 따른 자기 결정권 행사의 필요성을 법제화하였고 이는 자기 결정권에 기초한 웰다잉 정책의 초석을 마련한 역사적인 의미를 지닌다.

2) 웰다잉 문화 왜 필요한가?

▣ 생애 정리 문화

노년층에게 죽음은 삶의 일부분으로 다가온다. 그만큼 자신의 생애를 정리할 필요성이 증가하며, 죽음에 대해 자주 생각하게 된다. 75세 이상의 노년층 중 56%가 자주 또는 종종 죽음을 생각한다고 응답한다. 죽음에 대한 감정은 복합적이며, 11%는 편안함을 느끼고 34%는 아무렇지 않다고 응답하지만, 12%는 불안해하고 22%는 두려움을 느끼며 14%는 외로움을 느낀다고 한다. 학력과 소득이 낮을수록 죽음에 대한 불안은 상대적으로 높다(김순은·서이종 등, 2018). 이러한 죽음 불안을 해소하기 위해서는 죽음에 대한 충분한 지식과 올바른 인식이 필요하며, 자신의 생애를 정리하는 습관이 매우 중요하다. 자서전이나 인생 노트를 쓰면서 중요한 가족 및 친구, 의료인의 연락처, 부동산 서류 및 통장번호, 기념이 되는 중요한 사진이나 증거물을 정리하는 것은 자신의 삶을 되돌아보고 남은 삶을 더욱 유의미하게 보내는 지름길이기 때문이다.

▣ 연명의료결정 및 호스피스 문화

「연명의료결정법」이 본격 시행된 이후, 생애 말기 연명의료결정 비율이 꾸준히 증가하여 2021년 9월에는 177,326명에 이르고 있다. 환자가 의식이 있는 상태에서 연명의료계획서를 작성하여 결정된 비율은 33.1%이며, 의식이 없는 경우 환자 가족 2인 이상의 진술에 의해 결정된 경우가 33.5%로 가장 많다. 반면, 환자 가족 전원의 합의에 따른 결정 비율은 29.5%로 소폭 줄어드는 추세이다. 특히 취약계층의 경우, 환자가 가족의 부담을 염려해 스스로 연명 포기 결정을 내릴 수 있으며, 의식이 없는 상태에서는 가족이 대신 연명 포기 결정을 내릴 수 있다. 이러한 상황에서 연명의료계획서를 작성할 때 취약성이 결정에 부정적인 영향을 미치지 않도록, 취약성에 대한 체크리스트 등을 사용하여 신중하게 결정해야 한다.

▣ 유산 및 유품 정리

문화적으로, 생애 말기에 남은 유산 및 유품 처리는 가족주의에 근거하고 있으며, 기부 등 사회적 환원은 법적・문화적으로 제한되어 있다. 조선 후기에는 재산을 제사를 지내는 물적 토대로서 장남이나 장손에게 단독 상속하는 문화가 정착되었고, 이는 다른 아들과 딸에 대한 차별을 의미했다. 이를 시정하기 위해 1977년 민법 개정을 통해 법적 상속분을 정한 균등 상속으로 전환되었다. 그러나 이 유류분 규정은 사회변화에 따라 여러 문제를 야기하고 있다.

첫째, 평균수명이 80세를 넘어감에 따라 60대의 노노상속이 발생하면서 고령 배우자의 생활 안정이 중요해졌다. 그러나 자녀들은 이미 가정을 이루고 손자가 자립해야 할 나이에 이르러, 자녀의 자립을 목적으로 한 유류분의 도입 취지가 상실되고 있다.

둘째, 만성질환으로 인한 유병장수 기간이 길어지고 있다. 초고령층의 증가로 부양 및 간병 기간이 장기화되면서 부양 및 간병을 맡은 자녀와 그렇지 않은 자녀 간의 갈등이 증가하고 있다. 이로 인해 균분상속 및 무차별적인 유류분의 법적 권리 보장은 형평성을 해치고, 부양 및 간병을 도맡은 자녀의 상대적 박탈감을 증가시키며, 무임승차 성년 자녀의 상속권을 보장함으로써 도덕적 해이를 조장한다.

셋째, 자녀 독립 이후에도 길어지는 노년의 삶에서 법적으로 자녀들에게 의무적으로 배분할 상속 유류분을 광범하게 보장함으로써 부모 재산을 자신의 것으로 여기는 의식을 조장하고 있다. 이는 자녀들이 돌봄을 제공하지 않으면서 부모의 황혼 재혼을 막는 등 노후의 행복추구권을 침해하는 결과를 초래한다.

넷째, 재산 형성은 가족의 기여뿐만 아니라 이웃이나 사회공동체의 기여도 무시할 수 없다. 그러나 유류분 규정은 가족의 기여만을 지나치게 강조하여 기부를 통한 유산의 사회적 환원을 막고 있다. 유산 기부 시 자녀의 유류분 반환 청구 소송 등으로 인해 고인의 숭고한 뜻을 실현하기 어려우며, 유산 기부로 인한 막대한 사회적 혜택을 방해하고 있다.

따라서 유류분 개정과 함께 유산 처분의 자기결정권을 행사하는 법적 유언장 작성뿐만 아니라, 유언사유서를 작성하여 왜 배우자나 자녀에게 그러한 결정을 하였는지를 설득하는 것이 필요하다. 이를 통해 유산 갈등을 최소화해야 한다.

3) 장기 조직 기증 문화

조선시대 유교문화는 효 문화를 근간으로 하고 있어 부모로 받은 몸을 훼손하는 것을 불효 중의 불효로 여겼다. 단발령 때 머리를 깎는 것조차 전통적인 효 이념에 대한 도전으로 여길 만큼 부모로부터 물려받은 자신의 몸을 훼손하지 않는 것이 효도의 근본이라 생각하였다. 이러한 문화는 오늘날 몸에 칼을 대는 외과적 수술도 성형수술도 모두 부정적으로 보는 의식을 비롯하게 하였을 뿐만 아니라 부검이나 장기조직기증 등 시신 훼손에 대한 강한 경계감을 낳았다. 문화적으로 자신의 신체 훼손을 경계하였으며 더구나 부모의 신체 훼손은 더욱더 경계하였다. 이러한 문화는 근대사회에 들어 병원의 치료문화가 일상화되어 다양한 의료적 혜택과 더불어 화장이 널리 받아들여지는 등 여러 가지 변화를 보인다. 하지만 우리 사회의 장기조직 기증 문화는 3%로 매우 열악하다. 장기 등 이식에 관한 법률로 장기조직 매매를 금지하여 자발적인 기증이 유일한 수단이지만, 매년 장기조직 이식 대기자는 증가하고 있다. 신장 이식 대기자가 2020년 2만 7,062명으로 가장 많고 이어 간장, 췌장, 심장, 폐 순으로 매년 증가하고 있다. 생존 시 기증하는 경우 기증자 자신의 자기결정이 중요하지만, 뇌사를 포함한 사후 기증의 경우 자신의 자기결정과 더불어 가족의 동의(거부권)가 필요하다. 배우자나 자녀의 감정적 수용과 동의가 필요하기 때문이다.

4) 상장례 및 사별 가족 치유 문화

우리 사회에서 사후 장례에 대한 준비나 자기결정은 생애 말기 자기결정 문화 중에서 가장 빈번하게 이루어진다. 보건사회연구원의 2020년 노인실태조사에 따르면, 노년층 전체의 27.4%가 사후 장례에 대한 준비나 자기결정을 하고 있다. 가족 내에서 부모의 죽음에 대해 미리 논의하지 않는 경우가 많지만, 상장례에 대한 의사표시는 늘어나고 있다. 자신의 시신 처리에 대해 아직 생각하지 않았다는 비율이 20.6%에 이르지만, 화장을 원하는 비율은 67.8%, 매장을 원하는 비율은 11.6%이다. 그러나 상조회 가입이나 수의 준비 등 장례 준비의 대부분(79.6%)이 제한적이다. 이러한 제한적인 의사표시로 인해 가족들은 가족 중심의 장례를 선호하면서도 상조회 등의 권유나 사회적 체면 문화에 따라 과다한 장례를 결정하는 경우가 많다.

법제도 측면에서도 장사 등에 관한 법률 등 관련 법률이 국토의 효율적 이용이나 보건 위생적 처리에 치우쳐 있으며, 사회규범에 의존하고 있다. 이는 상장례에 대한 자기결정이 더욱 요구되는 부분이며, 고인이 원하는 바를 분명하게 결정하면 유족들이 내실 있는 장례 의례를 준비하는 데도 도움이 된다. 상장례 의식이 유족들의 애도뿐만 아니라 고인의 추모가 중요한 의례로 자리 잡을 필요가 있다. 고인이 평소 자신의 삶을 정리한 자료를 기초로 추모문을 작성하여 조문객에게 배포하면 더욱 의미 있는 상장례 의식을 만들 수 있을 것이다.

상장례뿐만 아니라 사별 가족의 치유도 중요한 문제이다. 평균수명이 80세를 넘어가면서 초고령 사망자가 늘고 있으며, 남은 초고령 배우자의 삶이 문제가 되고 있다. 경제적 취약계층은 경제적 자립이 어려움을 겪고, 그렇지 않은 경우에도 이별의 상처와 외로움이 중요한 사회적 과제로 대두되고 있다. 이는 치매 등 정신건강에 부정적인 영향을 미칠 수 있기 때문이다. 그러나 재산 상속을 제외하고는 사별 가족 치유에 대한 자기

결정이 거의 없다. 따라서 생명보험, 손해보험, 산재보험 등에서 사별 가족 치유 프로그램을 사회공헌 차원에서 운영하는 것을 법제화하는 것도 하나의 방법이 될 수 있다.

출처: 서이종(2023) 「웰다잉 정책의 필요성과 현황」 재구성

수행 활동

부모님께 쓰는 편지 「부모님 전상서」

- 지금으로부터 30~40년 후, 열심히 사신 부모님이 임종을 앞두고 계신다고 가정하고 부모님께 진심을 담아 편지글을 써보자.(작성한 편지를 부모님께 전달하는 것도 좋은 방법이다.)

제 11 장

세대공동체 교육(1)

수업목표

- 다양한 세대의 가치관과 문화적 차이를 이해하고, 이로 인한 갈등의 원인과 그 해결 방안을 탐구한다.
- 초고령 사회에서 세대 간 갈등이 심화되는 이유와 그에 대한 사회적 대응 전략을 학습하며, 이를 통해 세대공동체 형성의 중요성을 인식한다.

주제어(핵심개념)

세대공동체, 세대 간 갈등, 초고령사회

1. 세대와 세대 갈등의 이해

1) 세대의 의미

세대(世代)란 일반적으로 비슷한 사회적 역사적 경험을 공유하는 30년의 연령 단위를 의미한다. 그러나 최근 급속한 사회변화는 이러한 세대 개념 자체를 흔들어 놓고 있다. 그 결과 이제는 30년이라고 하는 숫자적 기준을 떠나 같은 시대적 사회적 역사적 경험을 공유하는 비슷한 연령대를 지시하는 개념으로 확대·해석되고 있다.

2) 세대 갈등의 개념

만하임(Mannheim, 1952)은 세대를 출생 동시 집단의 개념으로 보고, '비슷한 연령대에 주목할 만한 역사적 사건을 경험한 집단'이라고 정의했다. 그는 세대 개념이 계층이나 계급, 세계관 차이 때문이 아니라 동일한 시간 체험을 통해 형성된다고 보았다고, 세대 차이가 일어나는 과정을 '경험의 성층화(stratification of experience)'를 통해 설명했다. 출생 동시 집단, 즉 같은 시기에 태어난 사람들은 같은 시간대 속에서 성장하며, 아동기, 청소년기, 성인기, 중년기, 노년기를 비슷한 시기에 경험하게 된다. 따라서 이들은 동일한 발달단계에서 비슷한 역사적 경험을 하게 되며, 이러한 경험은 비슷하게 성층화된 의식을 만들어낸다고 하였다. 즉, 같은 세대들은 사회적 의식과 관점을 의미하는 '세대 위치(generational location)'를 공유하게 된다는 것이다.

그러나 세대 위치는 단순히 동시대성만으로 설명하기 어렵다. 예를 들어, 젊은 세대와 노년 세대가 동시대에 공존하며 동일한 역사적 경험을 할 수 있지만, 이 두 세대가 세대 위치를 공유한다고 할 수는 없다. 그 이유는 바로 경험의 성층화 때문이다. 어떤 경험을 하게 될 때, 그 경험을 해석하고 인식하는 기본적인 틀은 어릴 때 축적된 '기층경험(primary stratum of experience)'이다. 어릴 때 형성된 기층경험은 이후의 모든 경험을 해석하는 틀을 제공하기 때문에, 서로 다른 시기에 출생한 사람들은 같은 경험을 하더라도 다른 기층경험에 의해 다르게 인식하고 해석하게 된다. 따라서 만하임의 주장에 따르면, 우리 사회에서 세대 간의 차이는 영원히 사라질 수 없는 것이다.

2. 초고령사회 세대 갈등 고조

▣ 초단기 초고령사회 진입 앞둔 한국

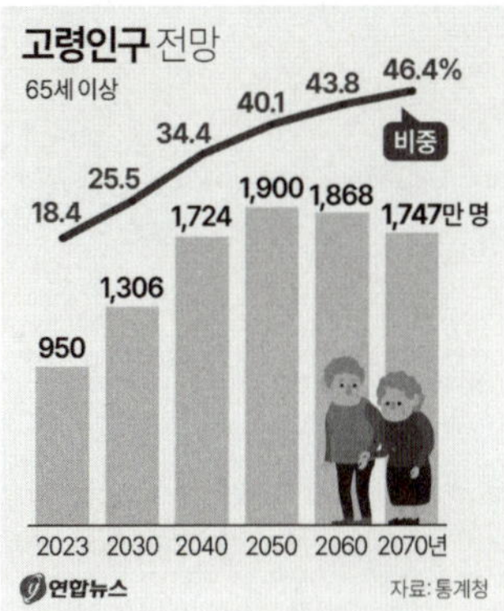

[그림 11-1] 고령인구 전망

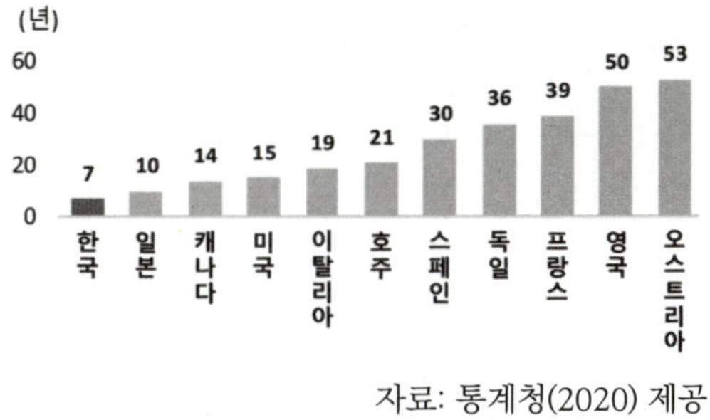

[그림 11-2] OECD 주요국 초고령사회 도달 소요 연수

저출산 · 고령화의 영향으로 앞으로 노인인구는 급격히 더 많아질 전망이다. 한국이 고령사회(고령인구 14% 이상)에 진입한 지 7년 만에 초고령사회에 도달할 것으로 예측된 것인데, 이는 영국(50년)이나 프랑스(39년), 미국(15년) 등 서구 국가 뿐 아니라 고령화 추세가 가파른 일본(10년)보다도 빠른 속도다.

▣ 초단기 초고령사회 갈등 고조

오늘날 고령화가 급속히 진행되는 과정에서 세대 간 갈등이 고조되고 있다. 다음의 자료는 세대 간 갈등이 일상 속에서 얼마나 만연해 있는지를 확인할 수 있는 자료이다.

지하철에 미친 노인들 왜이렇게 많음?

ㅇㅇ 2022.03.18 00:13 조회 6,035

지하철에 이유없이 시비걸고 젊은 사람한테 행패부리고 하는 늙은 새끼들이 너무 많음.

저번에 이유없이 치고가는 할배새끼랑 시시비비 가리느라고 좀 다퉜는데 지나가는 사람들이 내막도 모르면서 무조건 노인편 들고 오히려 묻지마폭행 당한 나를 노인 괴롭히는 버릇없고 나쁜년 취급하더라. 니 아버지면 그러겠냐 니 시아버지한테도 이러냐 등등 주변에서 별소릴 다들음.

여자로 살면서 대한민국 유교사상의 ㅈ같음을 항상 실감했지만 그때는 진짜 노인이고 뭐고 다 엎어버리고 싶더라

23 추천 반대 10

ㅇㅇ 2022.03.26 16:27 0 0

원래 그런다 개념없는 할배들 개많아 졸라 이기적이야 못된노친네라 하지

답글 0개 | 답글쓰기

쓰니 2022.03.23 08:42 0 0

엘레베이터를 타자마자 어른신께서 날 보더니 일말에 망설임도 없이 내가 들고 있던 에코백을 열어버림 그리고 하는말이 뭐 맛있는거 있냐? 이러길래 모른척 했더니 계속 물어보고 코로나 시대에 사람이 꽉찬 엘베에서 횡설수설.. 맛있는거 있냐고 왜 물어보는거였을까요? 운동마치고 나와서 신발들어있었는데

답글 0개 | 답글쓰기

ㄹㄹ 2022.03.19 19:45 4 0

진짜 난 이제 노인들만 보면 공황 올 거 같음. 노인뿐만이 아님. 개줌개저씨들도 노답임ㅋㅋㅋ 웬만한 젊은 한국인은 밖에서 내가 낀 소란 싫어해서 왠간하면 넘어가려고 함. 근데 꼭 선 넘어서 되받아치면 나오는 말은 항상 나이도 어린게 어디서 부터 시작해서 가는 세월 그대로 있으면 먹는 나이밖에 내세울 게 없음ㅋㅋ 진짜 다 죽여버리고싶어 ㅋ

답글 0개 | 답글쓰기

ㅇㅇ 2022.03.19 13:20 4 0

한국이 안전해서그럼 ㅋㅋㅋㅋㅋ 경찰도 함부러 못하는거 다 알고 ㅋㅋ 걍 개지랄하면 다른나라처럼 다구리쳐맞거나 개뚜두러맞으만 안그럼

답글 0개 | 답글쓰기

ㅇㅇ 2022.03.19 00:08 1 4

원래 남자들 폭력적인데 나이 들수록 전두엽 손상 돼서 분노조절 못해서 그럼 나이 든 남자 노인들 안락사 검토해야 함 사회를 위해서

답글 0개 | 답글쓰기

ㅇㅇ 2022.03.18 19:41 7 0

거의 만원 지하철이라 쩔수없이 입구쪽에 걸터 서있는데 지 내린다고 안내릴거면 비키라면서 나 옆으로 확 밀치고 내리던 할배ㅅㄲ도 있었어 ㅋㅋ 걍 지 앞에 거슬리면 인정사정없이 사람 밀어버림^^

답글 0개 | 답글쓰기

노인 지하철 무임승차 논란은 세대 갈등으로도 번지고 있다. 특히 1974년 개통해 오래된 데다 노인 이용률이 높은 역이 많은 서울 지하철 1호선은 세대 갈등을 적나라하게 보여주는 호선으로 꼽힌다. … (생략)

해당 역을 주로 이용하는 젊은 세대의 노인에 대한 시선은 곱지 않다. 청량리에 거주하는 최현석(27)씨는 "분위기도 안 좋고 꾸리꾸리한 냄새가 나서 지하철 이용이 꺼려진다"며"젊은 놈이 왜 앉아 있느냐며 양보를 강요하는 노인분들도 있어 그냥 서서 간다"고 말했다. 동대문구의 한 대학교 재학생 김정현(26)씨는 "출퇴근 시간대를 제외하거나 무임승차 횟수를 제한하면 좋겠다"고 전했다. 직장인 이기원(31)씨는 "1호선에는 노인분들이 많아서 그런지 '지하철 빌런' 비중이 가장 많은 것 같다"며 "일주일에 1~2번은 괜한 시비를 거는 분들을 만난다"고 토로했다. 온라인에서는 '강한 자만이 살아남는 1호선'이라는 별칭도 생겼다. 반면 기성세대는 "내가 젊어서 낸 세금으로 건설한 지하철인데 나이 들어 혜택을 보는 것도 문제냐"(60대 이모씨), "태어날 때부터 지하철을 이용하며 자란 요즘 젊은이가 허허벌판에서 하나하나 지하철을 만든 우리를 백안시하는 것이 서럽다"(70대 한모씨)는 반응이다.

출처: 중앙선데이 (2023.2.18.)

물론 이전부터 세대 간 갈등은 있어 왔지만, 최근에는 그 정도가 더욱 심해져, 현재는 이러한 갈등을 해결하기 위해 모두가 더 많은 관심을 기울여야 할 때이다.

▣ 시급해진 세대공동체 교육

: 베이비부머 세대(1955년~1963년)가 본격적으로 65세를 넘기며 노인인구 급증

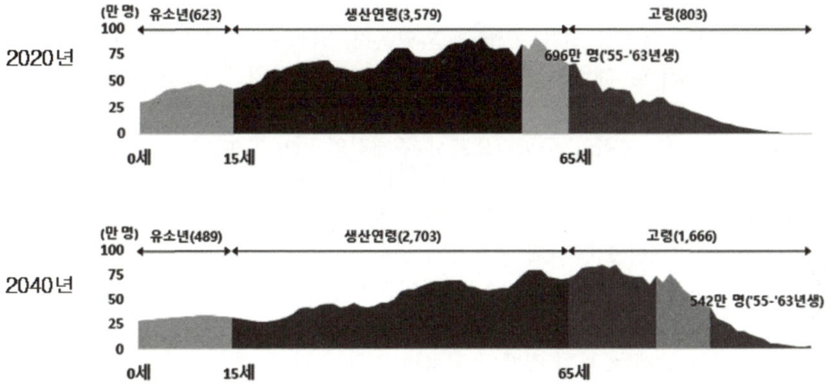

[자료] 통계청, 2019년 장래인구특별추계를 반영한 내·외국인 인구전망: 2017~2040년, 2020.10.15.

[그림 11-3] 주요 연령별 인구와 베이비붐 세대, 2020/2040년

2023년 기준 국내 만 65세 이상 고령자 비율은 17.6%. 2024년에는 1세대 베이비부머 세대(1955년~1963년생)의 대표격인 '58년 개띠'가 만 65세를 넘기며 노인인구에 접어든다. 다가오는 2025년에는 노인의 비율이 20% 이상인 초고령사회에 진입한다.

전 세계적으로 노인인구 증가는 사회적 문제로 대두되었고, 세계 여러 나라 중 한국은 특히 초고령사회로의 진입이 급속히 이루어지고 있다.

이러한 가운데 세대 간 갈등은 심화되고 있다. 앞으로 전체 인구 중 노인이 차지하는 비중은 더욱 증가될 전망이다. 따라서 세대공동체의 의미를 이해하고, 이를 위한 실천 교육이 그 어느 때 보다도 절실한 실정이다.

생각하기

'노인 인권'에 대해 생각해 보기

고령사회 대비 국가정책이 거시경제적 측면에 초점이 맞춰 있더라도 '고령의 개인'이라는 개인적 속성은 없어지지 않는다. 경제성장이 더뎌졌다는 사회적 의미만 강조하는 과정에서 놓치는 주제들은 왜 일할 사람이 부족해졌는지, 왜 그 사람은 더이상 일을 못 하게 되었는지, 일을 못 하게 되면서 어떤 불행이 시작되는지 등 개인적 위기이다. 만일 사회적 함의만 강조하고 개인적 위기를 도외 시 한다면 "노인을 사회문제의 원인자 교정되어야 할 대상으로 대상화하거나, 한 사회의 구성원으로서 주체적인 시민이 아닌 사회서비스에 의존하는 수동적 객체"로 바라보는 결과가 초래된다. 그래서 사회가 늙었다는 의미보다 사회를 늙게 한 개인들인 개별 노인들이 처한 구체적 위기를 파악하고 대처하는 노력도 동시에 필요하게 된다. '늙은 대한민국'을 대비하는 국가정책은 거시경제적 대책 못지않게 개인들에게도 초점이 맞춰져야 하는 이유가 여기에 있다.

고령사회 문제는 사회 전체의 고령화 경향에 따른 거시경제적 대안뿐만 아니라 고령화의 한 구성원으로서 노인들 개개인 및 향후 노인이 될 전체 세대 전반에 대한 개별 관심도 포함한다. 이렇게 고령 문제의 사회적 속성에 초점을 둔 정책이 기본을 유지하면서도 전 세대를 아우른 개인의 위기를 고려할 수 있는 접근법이 필요한 이유는 고령사회에서 위기에 처한 개인은 노인만이 아니기 때문이다.

고령사회의 사회적 함의는 단지 저성장에만 있지 않다. 저성장 문제는 필연적으로 세대 간 갈등을 내포한다는 데 그 심각성이 있다. 그래서 고령사회에 대한 국가 대책은 단지 고령자에게만 초점이 두어져서는 안 되고, 세대 간 대화와 세대 간 조정 문제를 직접 다룰 수 있어야 한다. 2002년 스페인 마드리드에서 개최된 제2차 세계 고령화대회에서 채택한 〈고령화에 관한 마드리드 국제 행동 계획(MIPAA)〉이 중요한 이유다. MIPAA는 세대 간 통합적 시각에서 고령화에 따른 인권 문제를 포괄적으로 담고 있다. 예컨대 소득보장과 경제활동 지원은 노년 이전부터 충분히 공급되어야 한다는 점, 그리고 건강권 문제도 '현재' 노인들에 한정되지 않고, '건강한 상태로 노년에 접어들도록' 훨씬 이전 세대부터 보장되어야 함을 강조한다. 이것이 바로 국제 사회가 노인(old persons)이 아닌 '나이 든 사람(older persons)'을 얘기하고 나아가 시간 개념을 포함하는 '고령화(ageing)' 개념으로 노인인권을 얘기하는 이유이기도 하다.

아울러 노인인권을 노인이라는 특정 그룹의 문제, 예컨대 취약계층으로 간주하고 보호 정책을 입안하는 경우의 한계를 지적할 필요가 있다. 흔히 사회적 약자로 아동, 여성, 장애인, 비정규직 근로자, 이주민, 난민 등 거론하며, 이들은 특별한 보호의 대상으로 간주된다. 이들 사회적 약자가 처한 특별한 인권문제 그룹은 여성이나 장애인 등 기존 사회적 약자 그룹과 본질적으로 다른 지점에 있다. 집단에 소나 장애인과 달리 노인은 시대마다 그리고 동시대라 하더라도 사회마다 연령 기준이 상이하며 변화한다. 심지어 사회가 규정한 노인 진입 연령, 예컨대 65세를 넘어섰다 하더라도 본인을 노인으로 규정하지 않는 개인들도 많으며, 반대로 농촌 거주 여성의 경우는 노인으로 인식하는 연령대가 사회 기준보다 훨씬 낮다는 연구도 있다. 그리고 무엇보다, 모든 개인은 언젠가 노인이 된다. 즉, 노인인권은 모든 개인의 문제이다. 노인인권이 특정 연령층에 한정된 문제가 아닌, 그냥 보편적 인권 그 자체가 되는 이유이다. 한마디로 정리하면 노인인권이란, 고령화 시대의 인권이다.

출처: 신영전, 김보경(2013), 「인권의 관점에서 본 한국 고령화 정책 계획」

제 12 장

세대공동체 교육(2)

수업목표

- 세대공동체의 의미와 그 중요성을 이해하고 설명할 수 있다.
- 세대공동체 교육의 국내외 사례를 분석하고, 세대 간 갈등 해결을 위한 실천적 교육 방안을 학습할 수 있다.

주제어(핵심개념)

세대공동체, 세대공동체 교육, 세대 간 이해

1. 세대공동체의 의미

'세대공동체(community of generations)'란 맥클러스키(N. G. McClusky)가 처음으로 주장한 개념으로, 여러 세대 혹은 연령집단이 한 공동체 안에서 만나는 것을 의미한다(Sherron & Lumsden, 1990). 각 세대는 비록 그들이 살아가는 시간과 경험 면에서는 다르지만, 전체 생애의 '일부분'으로서 서로 관련되어 있다는 점에서 공통된 이해관계를 가지고 있다. 따라서 오히려 이러한 세대 간의 차이로 인하여 우리는 인생 전체의 경험을 더 잘 그리고 완전하게 이해할 수 있다.

이 세대공동체의 개념은 한정란(1994)에 의해 국내에 처음 소개된 이후, '세대 간 공동체(intergenerational community)' 혹은 '다세대 공동체(multi-generational community)'와 혼동하여 사용되기도 한다. 그러나 세대공동체와 세대 간 혹은 다세대의 개념은 엄밀히 구분되어야 한다.

이들 간에 구분이 필요한 이유는 다음과 같다.

- 세대공동체는 둘 이상의 세대가 한데 어우러진 조화로운 상태를 의미한다. 노인과 청소년, 노인과 어린이라는 이분법적 구성보다는 여러 세대가 한데 어우러진, 즉 다자간의 자연적인 화합의 상태를 추구한다. 그런 의미에서 볼 때 '세대 간(intergenerational)'이라는 개념은 두 세대를 전제로 하는 양자 간의 관계라는 제한적인 의미가 강하기 때문에 적합하지 않다.
- 세대공동체는 단순히 여러 세대가 한 공간 안에 모여 있는 물리적인 상태를 의미하는 것이 아니다. 세대공동체가 형성되기 위해서는 참여하는 각 세대들이 공동의 목적을 가지고 있어야 하고 공동의 이해관계를 가지고 협력할 수 있어야 한다. 따라서 공동체적인 윤리와 원칙이 중요하다. '다세대(multi-generational)'라는 개념은 이러한 공동체적인 이해관계와 협력의 의미가 취약하여 적합하지 않다.
- 마지막으로 세대공동체는 여러 세대가 한데 모여 하나의 공동체를 형성한 상태를 지향한다. 즉, 각 세대가 독립된 각각의 세대로 머무는 것이 아니라 하나의 공동체로 거듭나는 것을 목표로 한다. 이러한 공동체를 이룬 각 세대들은 그 이전의 각 세대적 특징을 버리거나 혹은 새로운 특징을 얻게 될 것이며, 각각의 세대들로 존재할 때는 갖지 못했던 새로운 장점을 획득하게 된다.

2. 세대 간 갈등 해결을 위한 세대공동체 교육의 실천

▣ 당진시 실천 사례를 통해 살펴본 '세대공동체 교육'

노인문제 해결책으로 '세대공동체 교육' 활성화 제시

(실시간 뉴스-사회 2003.07.29.)

날로 노령화돼 가는 당진군의 노인문제를 진단하고 그에 따른 해결책을 제시하기 위한 '노인교육에 관한 포럼'이 지난 17일 합덕 청소년문화의 집에서 열렸다. 당진지역사회연구소(소장 홍태표) 창립 27주년을 기념해 열린 이번 포럼은 신기원 신성대학 행정실무계열 교수의 사회로 2시간 동안 진행됐다.

■ 발제

△김귀자(합덕대건노인대학 교학부장)

현대사회에서 노인을 보는 관점이 점차 변화하고 있다. 노인을 지혜로움과 다양한 경험을 가진 존재로 파악하는 교육노년학에서는 노인을 위한, 노인에 관한, 노인에 의한 교육을 제시하고 있다. 노인들 자신이 삶에 대한 힘을 얻는 노인을 위한 교육, 노화에 대한 교육으로서의 노인에 관한 교육, 노인의 경험과 지식, 기술 등 가치 있는 자원을 활용하는 노인에 의한 교육을 제시하고 있는 것이다.

이같은 이론적 토대 위에서 제시되고 있는 것이 세대공동체 교육이다. 세대공동체교육이란 여러 세대 혹은 여러 연령집단이 하나의 공동체 안에서 교육적 활동에 참여하는 것을 의미한다. 어린이 및 청소년과 중간세대 그리고 노인, 이 세 주체가 각각 동등한 입장에서 레크리에이션, 공공봉사, 교육 등에 참여하는 것이다.

세대공동체 교육은 세대 간의 접촉 부재로 인한 문제를 해결해 줄 것이며, 전 세대와의 교류를 통해 올바른 인식과 함께 우리 사회의 역사를 꿰뚫어온 정신의 맥이 후세대로 자연스럽게 이어지게 도와줄 것이다. 또한 세대 간의 조화를 촉진하며, 세대 간의 선입견을 변화시킬 것이다.

■ 토론

△이상욱(당진노인대학장)

예전 노인들의 언행과 자세는 아랫사람이 본받고 따를 점이 전부였지만 요즈음 노인들의 퇴폐적인 행위가 너무 많음은 부인하지 못할 사실이다.

사회는 공동체다. 그러므로 남의 존재성을 망각하고 나만 좋으면 된다는 편견적 사고방식은 지양해야 한다. 후배들에게 권위나 질서만을 강요하지 말고 교훈적이고 모범적인 노인상을 세우기 위해 노력해야 할 것이다.

△장동환(당진지역사회연구소 연구위원)

노인들의 3대 문제인 빈곤, 질병, 고독의 문제를 어떻게 해결할 것이며, 노인들의 자아실현을 어떻게 도울 것인지를 다양한 관점에서 접근했어야 하지 않을까라는 생각이 든다. 또한 사라져 가는 경로사상과 효 의식을 복원하는 방안을 생각해 봐야 되는 것이 아닌가라는 생각이다.

세대공동체 교육을 무리없이 실천하기 위해서는 상경하애(上敬下愛)의 정신 아래 노인으로 하여금 연령적 우위에서 비롯된 권위자의 입장이 아니라 하나의 동등한 주체로서 열린 마음으로 참여하도록 하고, 젊은 세대들도 노인들을 완강하고 고루하다고 보기에 앞서 각 세대 간 서로의 생각의 차이를 이해하려고 노력해야 할 것이다.

△류숙현(면천향교 유도회장)

'요람에서 무덤까지'란 말이 지향하는 복지사회 건설의 한 축에 노인문제가 있다. 인간이 살아가는데 으뜸은 건강이다. 아무리 명예와 부, 권력이 충족되었어도 건강을 잃으면 모든 것을 잃게 된다. 인간의 수명은 후천적인 섭생과 양생에서 장단을 결정할 수 있다.

유교 문화의 핵심을 이루는 공자의 인생주기는 잘 알려져 있다. 지우학(15세), 이립(30세), 불혹(40세), 지천명(50세) 등 노인이 되기까지 겪는 경험, 지식, 판단기준 등의 자원을 활용하는데 바로 '노인에 의한 교육'의 의미가 있다.

△이인학(미호중학교 교사)

앞으로 세대공동체 교육을 실천하면서 다음 다섯 가지 방안을 고려해야 한다.

첫째로 고학력 고령사회에서 노인들의 사회활동을 증진시킬 수 있는 다양한 프로그램을 개발해 보급하고, 둘째로 빈곤, 질병, 고독 속에서 살아가는 저소득층 노인들의 문제를 해결할 수 있는 사회활동 프로그램을 개발하고, 셋째로 중산층 노인들의 삶의 질을 높일 수 있는 프로그램을 개발하고, 넷째로 노인들을 청소년이나 젊은 부부들의 카운슬러로 활용하고, 마지막으로 거시적인 안목에서 당진군, 충청남도에서도 활용할 수 있는 교육모델을 개발해야 할 것이다.

출처: 당진시대(http://www.djtimes.co.kr)

3. 세대공동체 교육의 국내외 사례

세대공동체 교육은 노인 이전의 세대와 노인 이후의 세대의 여러 세대 혹은 연령 집단들이 어떤 교육적 목적을 위하여 공동체 안에서 함께 활동해 나가는 것이다. 세대공동체 속에서 노인 세대, 젊은 세대 등 각 세대는 자신들이 미처 경험하지 못했던 시간과 공간을 경험할 수 있을 뿐 아니라 서로를 통하여 더욱 많은 것을 배우고 얻을 수 있다.

세대공동체 교육은 세대 간에 서로에 대한 오해와 편견을 줄일 수 있으며 각 연령집단이 갖고 있는 차이점보다는 세대 공통의 가치나 관점에 대한 이해를 더욱 부각시키고 확대시켜줄 수 있다(한정란, 2005). 보건의학과 과학기술의 발달은 인간의 평균수명을 급속도로 증가하게 하였고 이는 인구학적 변동을 가져오게 했으며 이러한 인구학적 변동은 세대 간의 평등과 자원배분의 형평성 등의 새로운 문제를 제기하게 되었다. 노인인구의 증가는 심각한 사회적 문제로 대두되었으며, 이러한 노인 문제는 노인 자신이나 가족의 문제가 아닌 정부와 인류 전체의 문제가 되었다. 이러한 문제는 세대 간의 불균형으로 나타나고 인구의 고령화는 사회의 고령화로 나타나므로 사회의 여러 부분의 체계적 변화가 요구되었다.

이와 같은 고령인구 증가와 인구변동은 세대 간의 갈등과 인구변동에 대한 적응을 위하여 세대공동체 교육의 연구개발의 필요성이 절실하게 되었다. 특히 우리나라는 노인 준비 교육과 노인교육을 위한 세대공동체 교육이 미비한 상태이며 이에 대한 연구도 매우 미비한 상태이다. 뿐만 아니라 급변하는 사회변화와 과학기술의 발전에 대응하지 못하고 원시적인 관점에서 세대공동체 교육을 연구하는 단계에 있다. 세대공동체 교육을 어떤 관점에서 보느냐에 따라 미래사회에 있어 노인을 어떤 관점에서 보느냐에 따라 세대공동체 교육의 방향은 다를 수밖에 없다.

현재 이루어지고 있는 세대공동체 교육프로그램의 유형을 보면 첫째, 노인세대가 주체가 되어 자신의 경험과 지혜를 사회봉사자나 자원봉사자로서의 활동으로 젊은 세대에게 이득을 주는 프로그램이다. 둘째, 젊은 세대나 노인세대가 아닌 다른 세대가 주체가 되어 노인세대에게 이득을 주는 프로그램이다. 이것은 여성세대가 자원봉사를 통해 양로원이나 독거노인, 노인을 찾아 봉사 활동하는 프로그램이다. 셋째, 노인 세대와 젊은 세대가 상호주체적으로 참여하는 프로그램이다. 대표적인 것으로 양로원과 육아원이 한 시설에서 운영되는 경우 양 세대가 공동으로 참여하며 활동하는 프로그램을 말한다. 이러한 세대공동체 교육프로그램은 노인교육을 통해서 이루어지고 있는 교육프로그램들이다. 이러한 세대공동체 교육프로그램은 미국에서는 1965년부터 학교와 지역사회센터를 중심으로 세대공동체 교육을 실시하여 세대 간의 괴리현상을 최소화하고 노인 인력의 재활용과 노인의 고독과 소외감을 덜어주었다. 그리고 활기찬 노후 행복한 노후에도 큰 역할을 담당하였다. 우리나라에서 세대공동체 프로그램을 가장 먼저 시작한 것은 노인교육에서 찾을 수 있다.

▣ 국내 사례

① 1965년 한얼민족연구회와 범일초등학교총동창회에서 20대 청소년으로 구성된 회원들이 부산 동구 범일동 주변 경로당을 방문하여 노인과 청소년이 하나가 되어 노래와 춤, 이야기, 장기와 바둑을 함께하며 음식을 나누는 한얼경로교실은 세대공동체 교육의 시초라고 볼 수 있다.

② 1970년 한국 최초로 설립된 한얼노인대학에서 노인학생과 고등학생들이 함께 포크댄스, 태권도 등을 학습했다. 이 프로그램을 통하여 노인의 삶에서 나온 경험과 지혜를 고등학생들에게 전수해 주었고 또한 학생들은 노인세대에게 포크댄스와 태권도 등을 가르쳐 주며 젊은 세대의 패기와 활기찬 모습을 전해줌으로써 세대가 하나 되는 참모습을 보여주었다(전은희, 한효섭, 2008).

③ 2000년 한국노인교육연구소에서 주관하는 한국 최초의 노인교육전문기관인 한국노인교육연구소 평생교육원의 노인교육전문가 양성을 위한 노인교육지도사 양성과정, 노인교육복지사 양성과정, 노인교육전문강사 양성과정 등에서 수강생이 남녀 20대에서 70대까지 함께 학습하며 노인대학과 사회복지관 등에 강의하여 세대공동체 교육프로그램이 체계적으로 이루어졌다.

④ 2003년 동의대학교 평생교육원에서 실시한 노인교육 양성과정프로그램 수강생 90여 명의 연령적 분포는 10대에서 80대로 구성되어 있으며, 19세 학생부터 80세 노인까지 함께 교육받는 것은 세대공동체 교육프로그램의 좋은 설계라고 볼 수 있다.

⑤ 사회복지공동모금회의 '1 · 3세대 통합한 세대 만들기' 프로그램 이 프로그램은 노인에 의한 교육인 동시에 노인의 봉사활동을 통하여 세대 간의 화합을 이룬 성공적인 사례이다(한정란, 2005).

⑥ 노원 노인종합복지관의 세대공동체 프로그램 노원 노인종합복지관에서는 다양한 세대통합과 사회통합 프로그램을 진행하고 있다. 2004년 프로그램을 예로 들면, 노원 노인종합복지관에서는 노인봉사단체인 은빛나눔단과 장애인학교 학생 그리고 보육시설 어린이 간의 세대통합 및 사회통합 프로그램을 실시하였다. 프로그램 내용은 방문봉사활동, 사회통합캠프, 사회통합 문화체험, 사회통합 크리스마스 잔치 등으로 구성되었다(한정란, 2005).

⑦ 경북대학교 사회교육원의 명예학생 과정 경북대학교 사회교육원에서는 준고령자와 관련한 평생교육의 차원에서 지역민 연대의식을 강화하고자 1995년부터 명예학생과정과 1998년부터 명예 학생 대학원과정을 설립하여 두 가지 과정을 개설하고 있다.

▣ 국외 사례

우리나라보다 고령화를 일찍 맞이한 다른 나라들의 세대공동체 프로그램은 다음과 같다(한정란, 2005).

① 미국 걸스카우트 프로그램 걸스카우트(Girl Scouts)는 1975년부터 정부 지원을 받아 'Hand-in-hand: Gross-age Interactions'라는 이름으로 세대 간 활동을 펼쳐 나가고 있다. 오레곤 주 산티엠 걸스카우트: 스카우트는 노인에게서 구전역사를 수집하거나, 노인과 함께 즐기는 게임을 하거나, 양조부모 프로그램을 통해 일대일 관계를 형성한다. 스카

우트가 주도하는 프로그램이 아닌 노인이 주도하는 프로그램도 운영된다. 예를 들면, 노인이 뜨개질하는 법을 가르치거나, 스카우트 가족의 저녁 파티에서 노인이 연주를 하기도 한다.

② **피츠버그대학 세대 통합 프로그램** 피츠버그대학의 프로그램은 1978년 시작되어 미국 내에서도 매우 성공적인 세대공동체 프로그램으로 평가받고 있다. 현재 진행되고 있는 주요 프로그램들이다.

㉠ 세대 간 예술과 교육 프로그램 나이가 많은 노인 예술가가 학교를 방문하여 학생의 예술에 대한 이해와 체험을 돕도록 하는 것이다. 이 프로그램(IAEP: Intergenerational Arts and Education Program)은 노인 예술가를 학교에 초청해서 미술, 문학, 연극, 악기 연주 등 다양한 분야에서 학생이 직접적으로 경험하고 배울 수 있는 기회를 제공한다. 또한 지역 사회의 어린 학생과 노인 예술가가 함께 예술을 직접 체험하는 워크숍 형태의 '세대 간 예술 축제(Intergenerational Arts Festival)'로 진행되기도 한다. 특히 예술을 접할 기회가 상대적으로 적은 농촌지역의 중 · 고등학생에게 다양한 예술 분야를 접하도록 도와주기 위하여, 펜실베니아 서부 3개 카운티의 중 · 고등학교 학생들을 대상으로 하는 농촌 프로그램 '농촌 학교에서의 IAEP(IAEP in Rural Schools)'도 진행된다.

㉡ 노인학교자원 봉사 프로그램 55세 이상의 노인이 지역 사회 내 학교에서 자원봉사자로 참여하도록 하기 위한 프로그램(SCSVP: Senior Citizen School Volunteer Program)이다. 노인 자원봉사자는 개인 교사로서 유치원부터 고등학교까지의 학교 교육과정을 더 풍부하게 만들어주고, 학생의 과제나 프로젝트 혹은 과외활동을 도와주며, 학생과 우정을 나누고 교사의 수업을 돕는 역할을 한다.

㉢ 일자리를 통한 세대 간 멘토링 50세 이상의 고령 근로자가 멘토가 되어 생활 보호 대상자 청소년과 한 쌍을 이루어 6개월 이상 동안 청소년의 직업능력을 개발해 주는 프로그램이다.

㉣ 성인 지역사회 봉사 프로그램 노인 자원봉사자가 아동보호센터, 학교, 예술 스튜디오, 대학, 개별 가정 등 다양한 장면에서 아동과 청소년에게 봉사하게 하는 프로그램이다.

⑪ 세대 간 육아 프로그램 생후 5세 이전의 유아와 노인 간 연계프로그램이다. 노인에 대한 보육 훈련, 세대 간 유아 자원봉사, 노인과 유아 연계 프로그램 등을 실시하고 있다.

4. 세대공동체 교육의 기대효과

초고령사회를 대비한 행복한 사회를 만드는 데 기여할 수 있다.

세대공동체 교육의 목적은 세대 간 서로의 오해와 편견을 줄이고, 유사성과 공통성을 발견하고 다양한 경험을 공유하므로 서로 사랑과 이해를 통한 성별, 인종별, 지역 간, 계층 간, 세대 간의 갈등을 해소하여 건강한 사회 모두가 행복한 아름다운 세상을 실현시키는 데 목적이 있다.

한효섭(2002)은 세대공동체 교육은 노인교육과 평생교육으로 이루어지며 세대공동체 교육을 통하여 첫째 국민통합, 둘째 국민 행복, 셋째 국가발전을 이룰 수 있다고 말한다.

첫째 세대 간의 만남으로 대화와 소통을 통해 세대 간의 생각과 이해를 함께하고 갈등을 해소하며 서로 화합하고 통합하여 생각과 행동을 함께 할 수 있다. 둘째 젊은 세대와 노인 세대가 자연스러운 만남과 대화를 통해 정보를 공유하고 서로를 존중하고 사랑하며 생각과 관점을 이해하므로 새로운 지식과 지혜와 경륜을 서로 소중히 여기고 교환하며 이해하므로 국민적 합의가 이루어져 세대 간의 믿음과 사랑은 국민 모두의 행복으로 이어진다. 또한 노인 세대로부터 배운 모습과 지혜로 젊은 세대가 다가올 미래를 준비하는 지식을 가지고 실천하므로 노후 준비를 통한 미래에 대한 자신감과 희망은 이웃과 세상을 아름답게 하고 국민 모두가 행복한 세상의 밑거름이 된다. 셋째 국가발전의 원동력은 국민통합과 기술개발과 전통문화 계승과 노인교육의 성패에 있다. 세대공동체 교육을 통해 세대 간의 갈등을 해소하고 이해를 증진시켜 국민의 힘을 한곳에 모으고 젊은 세대의 아이디어와 노인 세대의 경륜과 지혜를 융합하여 새로운 힘을 발휘하고 노인 세대의 전통 기술과 재능을 계승하여 국가발전의 기틀을 마련한다. 또한 한정란(2005)은 세대공동체 교육의 목적을 첫째, 세대 간의 이해증진, 둘째, 노인을 위한 교육적 효과, 셋째, 젊은 세대를 위한 교육적 효과 등 세 가지로 나누어 설명하기도 하였다.

수행 활동

영화 [룸 쉐어링]을 보고, 자신이 영화 속 주인공인 대학생 지웅이라면 홀로 사는 할머니 금분과 어떠한 관계를 맺을 것인지 상상해 보고 발표해 보자.

• 〈룸 쉐어링〉은 까다롭고 별난 할머니 '금분'과 흙수저 대학생 '지웅'의 한집살이 프로젝트를 그린 영화이다. 그런데 이 영화에는 오늘날 홀로 사는 노인들의 지독한 외로움과 홀로 죽을지도 모른다는 두려움, 경제적 소득원에 대한 갈망 등등 오늘날 노인들의 고민을 들여다 볼 수 있는 장면들을 자주 볼 수 있다. 이를 통해 노인들의 홀로됨에 대해 깊이 있는 공감을 해보고, 언젠가 나도 나이 들어 노인이 될 수 있다거나 나의 부모님이 영화 속 '금분'과 같아질 수 있다고 가정하면서 내용을 고찰해보자.

제 13 장

(저출산 · 초고령) 미래 사회를 대비한 행복한 생애 설계하기

수업목표

• 저출산 · 초고령사회를 대비하여 청년기를 포함한 3단계 생애주기와 9가지 생활영역에 대한 구체적인 생애 설계를 작성하고, 이를 실천하기 위한 목표와 계획을 수립하여 행복한 인생을 설계할 수 있다.

주제어(핵심개념)

생애설계, 행복한 인생, 생애주기, 생활영역

▣ 저출산 · 초고령사회를 대비한 행복한 생애 설계하기

생애설계란?
"생애사명을 확립"하여 실현하고 생애 각 주기별 발달 과업을 수행하기 위한 "목표를 설정"하고 목표 달성을 위한 "시간 관리 계획"을 수립하여 실천하는 것

내 삶의 주인은 "나"

자기주도적 삶을 살기 위한 체계적인 계획 → 생애설계

- 생애사명 설정
- 생애목표 설정
- 실천과 시간 관리

우리는 인생의 꿈과 목표를 가지고 있다. 그 꿈과 목표의 선명도, 실현 가능성, 구체성의 정도는 사람마다 다를지라도 누구나 삶에서 이루고 싶은 지위나 상태에 대한 이미지를 가지고 있다. 생애설계는 인생의 꿈을 삶의 영역별로 구체화하고, 꿈을 이루기 위한 목표를 생애 주기별로 체계적으로 설정하는 일련의 과정이다.

우리의 인생은 복합적이기 때문에 인생의 꿈과 목표를 명확하게 파악하기 위해서는 삶의 분야별로 나누어 생각하는 것이 바람직하다. 이에 생애설계 영역을 아래 9개로 나누고, 각 영역에 대한 설계 방안을 제시한다.

▣ [작성 Tip] 주요 이슈를 먼저 적어본다.

※ 주요 이슈: 첫 취업, 결혼, 출산(첫째, 둘째 …), 내 집 마련, 은퇴, 부모님 부양, 자녀 혼인, 배우자와의 사별 등등

※ 아래의 생애주기 표는 적는 칸이 부족하기 때문에 생애주기 3단계, 생활영역 9가지를 기준으로 하여 교수자가 수정하여 활용해도 좋다.

생애 주기 / 생활 영역	청년기 (18~40세)			중년기 (40~65세)		노년기 (70+)		
	20대	30대	40대	50대	60대 (은퇴)	70대	80대	90대
직업/ 경력								
학습/ 자기 개발								
건강								
가족								
사회 관계								
주거								
사회 참여								
여가								
재무								

[다른 예시] 아래와 같은 방법으로도 작성 가능

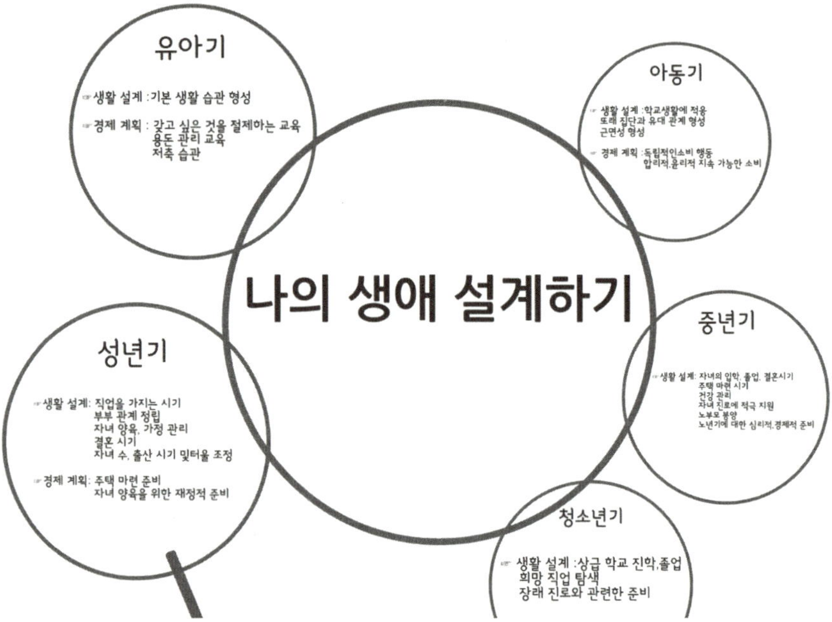

나의 내면과 스토리텔링을 하고 난 이후에는?

지금 당장 매우 중요해 보이는 모든 것도 결국 기억 속으로 사라질 것이다. 일상 속의 모든 사건과 걱정도 마찬가지다. 우리의 삶은 밤하늘의 반딧불이나 횃불처럼 금세 나타났다가 사라진다. 그래서 가능한 한 현재의 순간순간에 의미 있는 삶을 살도록 노력해야 한다.

길다면 길고, 짧다면 짧은 이 삶에서 우리 자신을 낭비하지 말고, 주어진 시간을 최대한 활용하며 살아가자. 과거의 이벤트나 이슈를 바탕으로 미래의 희망을 달성하거나 문제를 해결하기 위해 지금의 삶에 더 많은 노력을 기울이자.

수행 활동

50년 후, 나에게 쓰는 편지

• 50년 후, 나는 머리가 하얗게 백발이 된 노인이 되어 있을까? 여전히 에너지 넘치는 노년기를 살고 있을까? 열심히 나의 생애를 살고 어느덧 황혼이 되어 있는 나에게 수고했다고, 혹은 자녀들에게 하고 싶은 말 등을 위 생애설계 주기표 작성을 토대로 하여 편지글을 써보자.

참고문헌

권석만(2018). 「인간관계의 심리학」. 서울: 학지사.

김석호(2022). 저출산에 대한 사회심리학적 접근: 누가, 왜 결혼과 출산을 꿈꾸지 못하는가. 한국조사연구학회, 23(2), 1-33.

김순은, 서이종 등(2018). 노인의 건강한 노화 및 웰다잉에 관한 조사결과, 한국연구재단 보고서.

김양희, 전세경(2011). 「결혼과 가족」. 파주: 양서원.

김영철(2024). 미혼율의 상승과 비혼가정의 제도화. 제도와 경제, 18(2), 17-51.

김종운(2017). 「인간관계 심리학」. 서울: 학지사.

김진이, 문혁준, 양성은(2020). 「가족복지」. 서울: 창지사.

기쁘다, 성미애, 이재림(2020). 「가족생활교육」. 한국방송통신대학교출판문화원.

변수정(2017). 결혼 지원 정책의 현황과 향후 추진 방향. 한국보건사회연구원, 249권, 45-60.

서이종(2023). 노인인권포럼 2023. 국가인권위원회, 연구보고서.

신영전, 김보경(2013). 인권의 관점에서 본 한국 고령화 정책 계획: 제2차 저출산, 고령사회 기본계획과 시행계획을 중심으로. 한국사회정책, 20(1), 145-186.

우해봉(2023). 인구 고령화의 인구학적 요인 분석. 한국보건사회연구, 43(1), 50-68.

이기숙 외(2001). 「결혼의 기술」. 서울: 신정.

이민아(2000). 결혼상태에 따른 노인의 우울도와 성차. 한국사회학, 44(4), 32-62.

이병주 외(2023). -초저출산 및 초고령사회: 극단적 인구구조의 원인, 영향, 대책. 한국경제전망 2023년 11월, 한국은행.

전은희, 한효섭(2008). 「음파 이름 속에 숨겨진 운명」. 서울: 서예문인화.

정옥분 외(2009). 「결혼과 가족의 이해」. 서울: 시그마프레스.

정정희(2023). 「아이들의 가능성을 키워주는 부모 역할」, 대구광역시서부교육지원청.

한경혜, 최혜경, 안정신, 김주현(2019). 「노년학」. 서울: 신정.

한정란(1994). 세대공동체를 통한 노인교육 교육과정의 예시적 실천연구. 한국노년학, 14(1), 140-153.

한정란(2005). 「노인교육의 이해」. 서울: 학지사.
휴먼라이프연구소(2019). 출산 인식 보고서. 듀오.
Broderick, C. B. (1992). Marriage and the family (4th ed.). Prentice Hall.
Udry, J. R. (1971). The social context of marriage (2nd ed.). Philadelphia: Lippincott.
Mannheim, K. (1952). The Problem of Generations. In P. Kecskemeti (Ed.), Essays on the Sociology of Knowledge: Collected Works, Volume 5 (pp. 276-322). New York: Routledge.
OECD. (2020). OECD Family Database. Retrieved from https://www.oecd.org/els/family/database.htm
Olson, D. H., & DeFrain, J. (2014). Marriage and the Family. McGraw-Hill Education.
Sherron, R. H., & Lumsden, D. B. (1990). Introduction to Educational Gerontology (3rd ed.). Hemisphere Publishing.

부록 강의계획서 작성 참고자료

1. 교과목 개요

- 본 교과목은 성인 진입기를 앞두고 있는 대학생을 대상으로 연인관계에서부터 결혼과 가족, 자녀 출산 및 양육, 부모 역할, 노인의 삶까지 청년기 이후 생애에 대한 폭넓은 이해를 사례를 기반으로 하여 교육을 제공

- 이로써 연인관계 및 가족관계에 대한 이해를 돕고 저출산과 고령화의 사회적 문제를 사전에 인식하게 하여 사랑과 결혼 그리고 가족생활에 대한 현실적이고 합리적인 인식을 고취시키는 데 도움을 주고,

- 이로 인해 불균형적인 인구구조 문제를 해소하는 데에 기여하고자 함.

• 결혼과 가족에 대한 교육적 경험을 바탕으로 미래의 삶을 계획하고 저출산 · 초고령화 사회에 효율적으로 대처할 수 있는 적용 및 실천 능력 함양.

• 결혼, 출산, 육아, 가족생활에 대한 긍정적 인식 및 합리적이고 가족 친화적인 가치관 형성

• 일 생활 균형과 건강한 가정을 영위하고 저출산 · 고령화 사회에 대비한 구체적인 실천 기술 및 역량 강화

• 사랑 및 친밀한 관계에 대한 제반 내용 학습 및 체험
• 연인관계에서 결혼에 이르는 과정에 대한 제반 내용 학습 및 체험
• 가족생활 적응 및 가족정책과 관련된 제반 내용 학습 및 국외 사례 비교
• 저출산 · 고령화 사회의 인구구조 문제 제반 내용 학습 및 실태 분석

[자료 1] 교과목 개요 및 주요 내용

2. 수업 목표

• 결혼과 가족에 대한 교육적 경험을 바탕으로 미래의 삶을 계획하고 효율적으로 대처할 수 있는 적응 및 실천 능력을 함양할 수 있다.

• 결혼과 가족생활에 대해 막연하고 모호했던 생각이 수업을 통해 구체화됨에 따라 미래의 결혼과 가족생활에 대한 자신감과 기대가 향상되어 저출산 · 초고령화 사회의 인구문제를 해결하는 데 기여할 수 있다.

3. 핵심역량

세대 및 계층 갈등에 대한 문제를 인식하고, 이를 해결하기 위한 소통, 협력, 상호교류를 통해 자기관리, 감수성, 의사소통, 공동체 역량을 겸비한 상생 인재를 양성할 수 있다.

자기관리	감수성	의사소통	공동체	정보처리	통합적사고
10%	10%	10%	50%	10	10

- 주역량: 공동체 역량(50%)
- 부역량: 자기관리 · 감수성 · 의사소통 · 정보처리 · 통합적사고 역량(각 10%)

4. 수업운영방식

■ 수업구분: 통합형(이론+실습: 체험)

- 수업 1/3(이론): 비혼, 저출산, 초고령화 등 인구구조의 변화를 분석하고, 이를 해결하기 위한 제도 및 정책 등에 대한 이론 학습을 위해 관련 도서, 논문, 사례 연구 자료를 제공하는 이론수업을 토대로 함.
- 수업 2/3(실습): 실제 가족 구성원들과의 인터뷰, 가족 관련 활동(롤플레이 등)활동 및 프로젝트 참여를 통해 현대사회에서의 결혼과 가족 제도를 이해하고, 가족 관계 형성과 유지에 필요한 기술과 지식을 습득할 수 있는 실습 기회 제공
- 수업 3/3(통합): 이론과 실습을 토대로 다양한 가족 모델과 가족의 역할에 대한 인식을 확대하고, 더 나아가 저출산 · 초고령사회를 사

는 청년들이 자신의 삶의 목표를 설정하고, 올바른 방향성을 확립할 수 있도록 동기를 부여함.

■ 수업방식

• 체험 중심의 학습: 실제 가족 구성원들과의 인터뷰, 가족 관련 활동 및 시뮬레이션 상황 참여
• 토론 및 팀 프로젝트 : 주제에 대한 토론을 통해 의견 교류, 팀 프로젝트를 통해 실제 상황에 대한 해결 방안 모색

■ 과목유형: 이론 + 체험형

• 체험중심: 각 단원의 주제와 관련된 실제 상황을 (드라마 혹은 영화, 기사문 등을 통해) 제공하여 인구구조의 변화에 따른 사회 문제를 직간접적으로 체험하여 사회문제의 심각성을 깨닫게 함.
• 활동중심: 이론적인 내용뿐만 아니라 토론, 팀 활동, 프로젝트 수행 등을 통해 학생들의 참여도와 학습 흥미를 높임.
• 현실문제해결: 각 단원과 관련된 실생활의 주제를 문제상황으로 제시하여 이를 해결할 수 있는 능력을 함양함.
• 다양한 자원 활용: 모바일 어플, 드라마 혹은 영화의 관련 장면, 기사문, 국내외 연구자료 등 다양한 자원을 활용하여 학습자의 학습경험을 풍부하게 제공함.

5. 평가방법

- 출석 20%(대학 학사규정을 따름)
- 참여도 및 창의적인 토론 참여 평가(10%)

: 매 수업 시간 주어지는 활동에 적극적으로 참여하는 태도

- 이론 및 체험형 교과라는 과목의 특성을 반영하여 과제 점수의 비중을 50%로 하고 동료평가를 통한 민주적 평가 방식을 적용함.
  - 팀 프로젝트 결과물 평가
  - 관련된 주제(가족의 다양성, 부부관계, 부모-자녀 관계, 가족 문제, 인구문제 해결 등)발표 및 에세이 작성을 통한 학습 내용 정리 및 평가
- 체험형 교과의 특성상 활동 위주의 수업 비중이 크지만, 이론 내용에 대한 총괄 평가를 기말고사로 시행하여 이를 학점에 20% 반영함.

• 반영비율 (%)

출석	중간고사	기말고사	과제	기타 (실습, 실기, 발표 등)
20%	-	20%	50%	수업 참여 10%

6. 주차별 수업 계획 총괄표

주차	수업 주제	내용	교수 방법	교육 매체	수업 자료
1	인구 구조의 변화(1)	수업 전반적 안내(OT) • 인구문제 이해하기(1): 저출산, 고령화 - 합계출산율 추이, 고령인구 비중 전망 추이 - 출산율 불확실성에 따른 추세성장률 분석 - 저출산 원인 분석	강의	PC 인터넷	각종 연구 데이터
2	인구 구조의 변화(2)	• 인구문제 이해하기(2): 결혼 기피 - 청년세대 결혼에 대한 인식 - 미혼율 추이 - 사회인구학적 요인과 결혼 의향 및 결혼 연령과의 관계 - 지역별 인구 및 혼인 비교	강의	PC 인터넷	각종 연구 데이터
3	비혼화와 저출산	• 청년층 비혼화와 저출산 대응 방안 - 세계와 한국의 인구 변화 추이 - 청년층 1인 가구 변화 추이(2000년~현재) - 국가적 차원 VS 개인적 차원 - OECD 가입 국가별 비혼화 실태 비교	PBL, 토의 토론	PC 인터넷	각종 연구 데이터
4	결혼의 의미와 변화	• 결혼의 의미와 변화 - 결혼의 의미 - 성별에 따른 혼인과 출산의 결정 요인 - 한국의 혼인 실태	강의, 토의 토론	PC 인터넷	각종 연구 데이터
5	가족의 의미와 변화	• 가족의 의미와 변화 - 과거와 현대 '가족'의 의미 비교 - 현대 가족 형태의 변화: 이혼, 재혼, 졸혼 - 건강가정 만들기 실천 전략	강의, 토의 토론, 에세이	수업용 앱(pad let)	관련 도서
6	사랑과 친밀한 관계의 형성	• 사랑과 친밀한 관계의 형성 - 사랑의 의미 - 사랑의 이론 - N포 세대들의 연애 모습	퍼실리 테이션	수업용 앱(pad let)	관련 도서

주차	수업 주제	내용	교수 방법	교육 매체	수업 자료
	[체험]	-건강한 연애의 기술 -친밀한 관계 내에서의 (데이트)폭력의 발생 -이별, 잘 떠나보내기 [체험] 솔로지옥 탈출: 저소비 가능 연애체험을 통해 남녀 간 건강한 소통방법을 익히고, 연애문화에 대한 사회학적 이해 확장			
7	배우자 선택과 행복한 결혼생활 전략 [체험]	• 배우자 선택과 결혼 준비, 그리고 행복한 결혼생활 전략(체험) -배우자 선택의 중요성 -배우자 선택이론의 이해 -행복한 결혼 생활 전략 [체험] 배우자 선택 카드 게임	퍼실리테이션	수업용 앱(padlet)	관련 도서
8		중간고사 [6주차 과제-SOLO 탈출 프로젝트 결과보고회]	동료 평가		
9	건강한 가정의 등장과 중요성 [체험]	• 건강한 가정의 등장과 중요성 -건강한 가정의 의미 -건강가정기본법의 이해 -건강가정 만들기를 위한 구체적인 방법 [체험] 건강한 가정의 등장과 중요성 : 가족을 소재로 한 드라마 「며느라기」의 주인공으로 역할극을 하여 가족 문제 해결을 위한 솔루션 제안하기	시뮬레이션 및 롤플레이	PC 인터넷	동영상
10	부모 역할과 자녀 양육 [체험]	• 부모 역할과 자녀 양육 -부모의 역할 -자녀의 가능성을 키워주는 양육법 -맞벌이 부부의 행복한 육아 전략 4가지 -국가와 기업의 '가족친화제도' 알아보기 [체험] 나는 이런 아버지, 어머니가 되고 싶다(에세이 쓰기)	실제 사례 연구	PC 인터넷	동영상
11	노년기와	• 노년기와 웰다잉	강의,	PC	데이터

주차	수업 주제	내용	교수 방법	교육 매체	수업 자료
	웰다잉 [체험]	-고령사회의 의미 -노년기 부부관계의 변화와 적응과제 -노년기 행복한 부부관계를 위한 전략 -노부모와 성인자녀 관계의 변화와 적응과제 -홀로됨, 웰다잉 [체험] '노인 인권'에 대한 조사 및 말하기 활동	토의 토론	인터넷	자료, 동영상
12	세대 공동체 (1)	• 세대공동체 교육(1) -세대와 세대 갈등의 이해 : 세대의 의미, 세대 갈등의 개념 -초고령사회 진입에서의 세대 갈등 고조	강의, 토의 토론	수업용 앱(pad let)	기사문 OECD 자료
13	세대 공동체 (2) [체험]	• 세대공동체 교육(2) -세대공동체의 의미 -세대 간 갈등 해결을 위한 세대공동체 교육의 실천 -세대공동체 교육의 국내외 사례 -세대공동체 교육의 기대효과 [체험] 영화 [룸쉐어링]을 보고, 독거 노인 문제가 특별한 이슈가 아닌, 우리 생활 속 이웃들에게서 나타나는 현상임을 문제로 인식하고, 나는 이들과 어떠한 관계 맺음을 할 수 있는지, 또 나의 부모, 나의 미래는 어떠할지 고민해 본다.	강의, 토의 토론	수업용 앱(pad let)	기사문 OECD 자료
14	생애 설계 [체험]	• (저출산 · 초고령사회) 미래 사회를 대비한 행복한 생애 설계하기 [체험] 청년기 포함 3단계 생애주기와 9가지 생활영역에 대한 생애 설계를 작성함으로써 미래를 대비하고 그것을 실천하기 위한 구체적인 목표를 세워 행복한 인생을 만든다.	프로 젝트 과제	모바일 토론 게시판	전지, 매직, 보드
15		기말고사(지필평가)			

우리는 내일을 위해
늘 오늘의 행복을 미뤄둔다.
'행복을 미루는 삶',
'행복을 유예하는 삶'이다.

수많은 오늘이 쌓여
내일의 미래가 되고
내 삶이 된다는 것을
깨달아야 한다.
'지금, 오늘'에 충실하자.

저자약력

허지원(Jiwon Heo)

- 한국교원대학교 대학원 교육학과(교육학박사)
- 현) 남부대학교 교수
- 연구분야: 역량기반교육과정, 생애주기교육과정, Ai교육과정
- 연락처: hjw123@nambu.ac.kr

대학생을 위한 인구문제 탐색과 생애 설계

2024년 12월 25일 1판 1쇄 인쇄
2024년 12월 30일 1판 1쇄 발행

저 자 : 허 지 원
발행자 : 한 정 주
발행처 : 교 육 과 학 사

저자와의 협의하에 인지생략

경기도 파주시 광인사길 71
전화(031)955-6956~8/팩스(031)955-6037
Home-page : www.kyoyookbook.co.kr
E-mail : kyoyookbook@daum.net
등록 : 1970년 5월 18일 제2-73호

낙장 · 파본은 교환해 드립니다.
Printed in Korea.

정가 **15,000** 원
ISBN 978-89-254-1972-5